Corpo e discurso

Dados Internacionais de Catalogação na Publicação (CIP)
(Câmara Brasileira do Livro, SP, Brasil)

Courtine, Jean-Jacques
  Corpo e discurso : uma história de práticas de linguagem / Jean-Jacques Courtine ; apresentação e coordenação da tradução Carlos Piovezani. – Petrópolis, RJ : Vozes, 2023.

  Título original: Corps et discours
  Bibliografia.

  1ª reimpressão, 2024.

  ISBN 978-65-5713-798-7

  1. Análise do discurso 2. Corpo humano – Aspectos simbólicos 3. Corpo humano – Aspectos sociais 4. Linguagem I. Título.

22-124251   CDD-401.41

Índices para catálogo sistemático:
1. Análise do discurso : Linguística   401.41

Cibele Maria Dias – Bibliotecária – CRB-8/9427

JEAN-JACQUES COURTINE

Corpo e discurso
Uma história de práticas de linguagem

Apresentação e coordenação da tradução
Carlos Piovezani

EDITORA
VOZES

Petrópolis

Tradução realizada a partir da thèse d'État do autor, escrita originalmente em francês, com o título *Corps et discours – Éléments d'histoire des pratiques langagières et expressives*.

Direitos de publicação em língua portuguesa – Brasil:
2023, Editora Vozes Ltda.
Rua Frei Luís, 100
25689-900 Petrópolis, RJ
www.vozes.com.br
Brasil

Todos os direitos reservados. Nenhuma parte desta obra poderá ser reproduzida ou transmitida por qualquer forma e/ou quaisquer meios (eletrônico ou mecânico, incluindo fotocópia e gravação) ou arquivada em qualquer sistema ou banco de dados sem permissão escrita da editora.

CONSELHO EDITORIAL

Diretor
Volney J. Berkenbrock

Editores
Aline dos Santos Carneiro
Edrian Josué Pasini
Marilac Loraine Oleniki
Welder Lancieri Marchini

Conselheiros
Elói Dionísio Piva
Francisco Morás
Gilberto Gonçalves Garcia
Ludovico Garmus
Teobaldo Heidemann

Secretário executivo
Leonardo A.R.T. dos Santos

Editoração: Maria da Conceição B. de Sousa
Diagramação: Raquel Nascimento
Revisão gráfica: Nilton Braz da Rocha
Capa: SGDesign

ISBN 978-65-5713-798-7

Este livro foi composto e impresso pela Editora Vozes Ltda.

Sumário

Apresentação, 7

Introdução, 29

Uma genealogia da Análise do discurso, 33

    Separar e articular, 34

    História e linguística: um breve encontro, 38

    As leis do mercado, 44

    Uma história dos preconceitos, 47

    Uma política da leitura, 51

    O triunfo da contradição, 56

    A arqueologia e o discurso, 60

Desconstrução de uma língua de madeira, 65

    Discurso e memória, 66

    Repetir, citar e recitar, 70

    A comemoração: um tempo que não passa, 76

    Apagamentos da memória: uma política do esquecimento, 79

    As palavras do partido, 83

    A classe operária não responde mais, 89

    Práticas e discursos, 97

O espetáculo político das massas, 103

    A derrocada dos monólogos, 103

    As metamorfoses do *homo politicus*, 107

A dispersão das massas, 112

Pacificar o corpo e suavizar a voz, 116

Teatro político e violência simbólica, 121

A conversa espetacular, 128

Uma política da vida privada, 131

Corpo e discurso, 135

As linguagens do rosto: uma semiologia histórica, 137

Conversação e silêncios: uma história de práticas de linguagem, 141

As glossolalias: uma antropologia histórica da voz, 145

As tradutoras e os tradutores, 151

Apresentação

Os signos e os sentidos, as sensações e os sentimentos:
discurso e sensibilidades no pensamento de
Jean-Jacques Courtine

A obra de Jean-Jacques Courtine dispensa apresentações. Com mais forte razão, seria desnecessária uma apresentação de seus trabalhos às leitoras e aos leitores brasileiros. Antes de ser mera figura de estilo e simples frase de efeito, o clichê se torna aqui praticamente incontornável. Não nos ocorre outro modo para começar a tratar da importância, da profundidade e da extensão das publicações de Courtine e ainda do reconhecimento de que elas já gozaram e de que continuam a usufruir na Europa, no Brasil e nas Américas do Sul, Central e do Norte, mas também na África e na Oceania.

Por conhecer de perto boa parte de seus trabalhos, aventamos um fator que pode explicar essa condição tão bem-sucedida de sua obra, que se articula com uma marca indelével de sua própria vida: Courtine é um nômade em vários sentidos do termo. A palavra "nômade" vem do grego *nomos*, significa "gado" ou animais de criação, em geral, e passou ao latim como *nomas*. A essa raiz se acrescentou a forma latina *ados / adis* e dessa junção derivou a forma *nomadis*, que corresponde àqueles que proporcionam a pastagem a seus animais, que os alimentam com os recursos de que a terra dispõe. Daí procede a ideia do deslocamento e da busca por novos pastos.

Assim, também se cria certa correspondência entre o nômade e o pastor, de um lado, e o sedentário e o agricultor, de outro. Em textos antigos, os nômades são frequentemente definidos por via negativa: eles não trabalham, não comem o pão que vem do cultivo de cereais, não moram em casas e não têm cidades, leis e governos. Desse modo, se distanciariam das normas e da normalidade de outros grupos humanos por seus alimentos, por suas moradas transitórias e pela ausência de organização social em seus modos de vida.

Uma ausência de liberdade decorreria dessas suas formas de viver. Para que seus animais possam sobreviver, os nômades precisam de se deslocar à procura de novas pastagens. Por extensão, uma vez que sua vida está naturalmente ligada à nutrição dos animais, seu movimento constante não seria uma escolha, mas, antes, uma imposição e uma limitação. Aristóteles dirá que os pastores formam o mais indolente dos grupos humanos, "dado que a comida, que lhes é fornecida pelos animais domésticos, surge sem qualquer esforço. Mas, quando é necessário que os rebanhos mudem, os humanos têm de acompanhá-los"[1]. Além de coagidos e limitados, os nômades seriam ainda solitários e praticamente selvagens. Muitos discursos antigos sustentavam que "a população nômade era a que menos nutriria relações e intercâmbios com outros humanos. Os nômades viveriam na solidão"[2]. Numa certa mitologia, Cícero também reduz a vida nômade a um universo primitivo e bestial: "Houve um tempo em que os humanos erravam pelo mundo como animais selvagens"[3].

Essa carga semântica negativa ainda está bastante bem preservada em acepções contemporâneas. No dicionário Houaiss, o termo "nômade" é assim definido: "(1) que ou que não tem

---

1. ARISTÓTELES. *Política*. Lisboa: Vega, 1998, livro I, cap. VIII, 1256a.

2. WOLFF, É. Espaces du sauvage et nomades. *Les espaces du sauvage dans le monde antique*. Besançon: L'Institut des Sciences et Techniques de l'Antiquité, 2004, p. 21-28.

3. CICERO. *De l'invention*. Paris: Les Belles Lettres, 1994, livro I, cap. II, 2.

habitação fixa, que vive permanentemente mudando de lugar, geralmente em busca de novas pastagens para o gado, quando se esgota aquela em que estava (diz-se de indivíduo, povo, tribo etc.) [Os nômades não se dedicam à agricultura e frequentemente não respeitam fronteiras nacionais na busca por melhores pastagens.] (2) por extensão, que ou aquele que não tem casa ou não se fixa muito tempo num lugar; vagabundo, vagamundo, errante"[4]. Tal conservação de sentidos não impediu que reflexões e análises modernas promovessem ajustes nas definições antigas ou não atualizadas e lhes acrescentassem importantes nuanças.

Já nos tempos antigos, não havia somente uma rígida separação entre pastores nômades e agricultores sedentários. Existiam, antes, trocas econômicas, sociais e culturais entre ambos e ainda não poucos estados intermediários e modos mistos de vida. Mas, ainda mais importante do que esses ajustes e nuanças é a indicação de que as propriedades negativas atribuídas aos nômades, tais como seu primitivismo e sua vagabundagem, consistiam menos em informações factuais a seu respeito e mais em certo mal-estar sedentário diante do gosto alheio pela aventura e de seu desfrute, em detrimento da segurança das tradições e costumes bem conservados, e diante do desejo alheio de liberdade e de seu gozo, em detrimento da garantia das crenças e rotinas bem-estabelecidas.

Courtine nasceu e viveu toda sua infância na Argélia, quando esta ainda era uma colônia francesa. Os Courtine já estavam ali no norte da África há cinco gerações, desde a proclamação do Império de Napoleão III e a recusa do ancestral da Família Courtine de servir a esse império em razão de suas convicções políticas republicanas. Cerca de um século depois desse desterro, ocorreria a volta da família à França. Jean-Jacques Courtine tinha 11 anos de idade e foi marcado por esse deslocamento. Na França, ele se sentiu bastante deslocado durante um bom tempo até sua progressiva

---

4. *Dicionário Houaiss*. Rio de Janeiro: Objetiva, 2011, p. 2.024.

adaptação à cultura da metrópole. Sua vida escolar evoluiria e seria concluída com certa latência dessa sensação de estranhamento diante de alguns hábitos e modos de vida franceses. Em seguida, viriam os primeiros passos de sua formação intelectual.

Depois de uma graduação em Matemáticas aplicadas e outra em Sociologia na Universidade de Grenoble II e de um mestrado em Linguística e outro em Língua inglesa na Universidade de Grenoble III, Courtine vai se deslocar frequentemente entre as cidades de Grenoble e Paris, desde o início da década de 1970. Na primeira, ele inicia sua carreira como professor nessas duas universidades e ainda ministra alguns cursos na Escola Normal Superior de Grenoble. Já em Paris, se dá sua formação direta e indireta com grandes mestres do estruturalismo e do pós-estruturalismo francês: Claude Lévi-Strauss, Louis Althusser, Émile Benveniste, Jacques Lacan, Antoine Culioli, Michel Foucault, Roland Barthes, Pierre Bourdieu, entre outros. Ainda em meados dos anos de 1970, Courtine passa a integrar o grupo liderado por Michel Pêcheux, o principal precursor da Análise do discurso (AD) francesa. Ao final dessa mesma década, ele elabora e redige sua tese de doutorado em Análise do discurso, cuja defesa ocorre em março de 1980.

Esse encontro com Pêcheux foi decisivo na vida de Courtine e seria também o início de uma série extensa e diversa de publicações que vão compor uma obra incontornável para os analistas do discurso e, mais tarde, para estudantes, pesquisadoras e pesquisadores, professoras e professores de várias áreas das Ciências humanas. Por sua importância, profundidade e notoriedade, esta obra dispensa apresentações, conforme dissemos. Com o objetivo de somente ilustrar a relevância, a densidade e a repercussão de seus trabalhos, mencionaremos apenas parte dos efeitos e reverberações suscitados por sua tese e indicaremos alguns títulos que compõem a obra de Courtine. A tese *Quelques problèmes théoriques et méthodologiques en Analyse du Discours, à propos du discours communiste adressé aux chrétiens* foi defendida na Universidade de Nanterre/Paris X e aprovada unanimemente com distinção e louvor pela banca de avaliadores.

O reconhecimento da qualidade excepcional daquele trabalho acadêmico foi imediato. A tese de Courtine foi publicada com o título *Analyse du discours politique*[5] no mais prestigiado periódico científico de Linguística da França, e um dos mais reconhecidos em todo o mundo, a revista *Langages*, cuja edição de n. 62, de junho de 1981, lhe foi inteiramente consagrada. Isso nunca havia ocorrido e jamais voltaria a ocorrer na história da *Langages*. Antes, durante e depois da defesa da tese, os eminentes linguistas Jean Dubois e Michel Arrivé, entre outros, deram suas bênçãos a Courtine e lhe ofereceram muitas oportunidades. Além dessas conquistas e dessa prerrogativa editorial, quando da publicação da tese, o próprio Pêcheux a prefaciou e lhe reconheceu a consistência e a originalidade, que indicavam novos rumos para a Análise do discurso. Por essas e outras razões, a tese de Courtine alcançou sem demora a condição de um clássico em AD. As milhares de citações e de referências à *Análise do discurso político*, que não param de aumentar ainda em nossos dias, mesmo depois de mais de quarenta anos de sua publicação, indicam que essa obra não perdeu e provavelmente não perderá esse estatuto.

Com todo esse reconhecimento da parte das mais proeminentes figuras da Análise do discurso, com toda essa recepção calorosa da comunidade dos analistas do discurso, de modo geral, e ainda com a experiência de mais de uma década como professor universitário em Grenoble, Courtine poderia sem dificuldade alguma se fixar em Paris, ingressar como professor numa de suas prestigiadas instituições e se

---

5. COURTINE, J.-J. *Análise do discurso político: o discurso comunista endereçado aos cristãos*. São Carlos: EdUFSCar, 2009. Quando da publicação desta tradução brasileira de sua tese, introduzimos um texto de apresentação que trata de importantes contribuições de sua obra à Análise do discurso e a outros campos das Ciências humanas.

alçar ao posto de sucessor de Pêcheux como grande mestre da AD. Essa não foi a sua opção. Sua tendência ao nomadismo o conduziria aos Estados Unidos. Lá, entre meados da década de 1980 e o início dos anos de 2000, ele foi inicialmente *Full Professor of French Linguistics & Cultural Studies* na Universidade do Sul da Califórnia e, em seguida, Full Professor of French & Cultural Studies. A despeito do equilíbrio sugerido pelo "&" no título desse seu posto profissional, Courtine já era bem menos um professor de Linguística francesa do que um pensador dos Estudos culturais. De linguista, ele já havia passado a analista do discurso. Mas, àquela altura, já estava deixando esta última condição em estado puro para assumir a de antropólogo cultural. Deslocamentos de um continente a outro e de um a outros campos do conhecimento. Foi na categoria de professor de Antropologia cultural que Courtine retornou à França para trabalhar na Universidade Sorbonne Nouvelle. Anos mais tarde, ele se tornaria professor emérito, tanto da Universidade da Califórnia quanto da Sorbonne Nouvelle.

Depois do sucesso de sua tese, Courtine consolidou a importância, a profundidade, a diversidade e o reconhecimento de sua obra, com a publicação de vários outros títulos. De sua vasta produção, destacamos aqui somente alguns livros dos quais ele é autor e/ou organizador:

- *Materialidades discursivas* (PUL, 1981; Editora da Unicamp, 2016).
- *História do rosto* (Payot, 1988; Vozes, 2016).
- *História do corpo* (Seuil, 2005; Vozes, 2006).
- *História da virilidade* (Seuil, 2011; Vozes, 2013).
- *Decifrar o corpo* (Jêrome Millon, 2012; Vozes, 2013).
- *História da fala pública* (Vozes, 2016).
- *História das emoções* (Seuil, 2016; Vozes, 2020).

Além desses títulos, Courtine organizou e apresentou várias edições de revistas especializadas, como dois números da *Langages*, entre outras, e de obras, como *A arte de se calar* e

História dos monstros[6], entre outras; e publicou artigos científicos em muitos periódicos científicos de renome internacional, como nas revistas *Communications*, *Esprit* e *Cahiers de médiologie*, e capítulos em livros que também gozam de grande reconhecimento mundial, como o *História do pensamento francês do século XX* e o *História das ideias linguísticas*[7]. A maioria dessas publicações foi traduzida em vários países não somente da Europa, da América e da África, mas também da Ásia e da Oceania. *História do rosto* e *História da virilidade* receberam respetivamente o prêmio *Psyché*, da Associação Francesa de Psiquiatria, em 1989, e o *Grande Prêmio* da Academia Francesa, em 2012. Para tais êxitos editoriais, o encontro com Claudine Haroche, que se deu ainda quando ambos participavam do grupo de Pêcheux, foi fundamental. A amizade, a interlocução e a coautoria com Haroche são presenças marcantes em parte significativas da obra de Courtine.

Esses êxitos editoriais, mas também outros científicos e acadêmicos, permitiram-lhe novos deslocamentos ao sabor de seu nomadismo. Entre 2012 e 2017, Courtine foi professor catedrático de Estudos europeus da Universidade de Auckland, na Nova Zelândia, da qual se tornou professor-honorário desde 2018. Na Queen Mary Universidade de Londres, ele foi professor-visitante de História das emoções, entre 2018 e 2019. Todas essas mudanças territoriais e institucionais lhe deram ocasião para outros encontros decisivos em sua vida.

Entre 1978 e 1984, o célebre historiador francês Michel de Certeau tinha sido professor na Universidade da Califórnia.

---

6. ABADE DINOUART. *L'Art de se taire*. Grenoble: J. Millon, 1987 [trad. bras.: *A arte de se calar*. São Paulo: Martins Fontes, 2001). • MARTIN, E. *Histoire des monstres depuis l'Antiquité jusqu'à nos jours*. Grenoble: J. Millon, 2002.

7. COURTINE, J.-J. The Body in Contemporary French Thought. In: KRITZMAN, L. (org.). *History of XXth Century French Thought*. Nova York: Columbia University Press, 1997, p. 164-178. • COURTINE, J.-J. La question de la glossolalie. In: AUROUX, S. (org.). *Histoire des idées linguistiques*. Vol. 3. Bruxelas: Pierre Mardaga, 2000, p. 397-408.

Ao final daquele último ano, ele voltaria à França para assumir o posto de professor e orientador de pesquisas na prestigiada Escola de Altos Estudos em Ciências Sociais (Ehess/ Paris). Nessa época, Courtine frequentava universidades dos Estados Unidos como professor-visitante, antes que ele se mudasse para lá e se tornasse professor efetivo da Universidade da Califórnia. Para isso, o encontro com De Certeau foi fundamental, porque ele o aconselhou a fazê-lo e lhe abriu importantes portas institucionais. Essas contingências da vida, o gosto comum de ambos pela articulação entre História e Psicanálise e ainda outras afinidades concorreram para que se firmasse entre eles uma sólida amizade. Alguns anos mais tarde, Courtine se identificaria cada vez com a condição de historiador desse seu amigo, que frequentemente lhe dizia: "Penser, c'est passer!"

Também os encontros com Georges Vigarello e Alain Corbin foram marcantes na nômade trajetória de Courtine. Conforme veremos nas páginas deste **Corpo e discurso**, seu interesse pelo discurso político e por suas metamorfoses o conduziu a temas e fenômenos correlatos, tais como as reflexões de George Orwell sobre a novlíngua. Na edição de n. 94 da renomada revista literária *L'Arc* dedicada ao escritor inglês, Courtine publicou o artigo "George Orwell e a questão da língua"[8]. Ainda naquele ano, novos editores assumiram a direção da revista e o convidaram não apenas para fazer parte de seu comitê editorial, mas também para participar de sua renovação, indicando outros nomes para compô-lo. Courtine, então, pediu indicações desses nomes para fazer parte do novo comitê da *L'Arc* a seus colegas da Universidade de Grenoble II. Alguns deles lhe indicaram Georges Vigarello, cujos trabalhos sobre temas relativos à história do corpo já começavam a lhe render importante reconhecimento acadêmico. O convite foi feito, Vigarello o aceitou, a relação entre ambos se estabeleceu sem demora e as afinidades intelectuais que existiam

---

8. COURTINE, J.-J. George Orwell et la question de la langue. *L'Arc*, n. 94, 1984, p. 54-60.

entre eles também não tardaram a aparecer. Menos de três anos depois, já seria publicado o artigo "A fisionomia do homem impudico" na prestigiada revista *Communications*[9], cuja autoria era compartilhada entre Courtine e Vigarello. Desde então, essa parceria se estreitou ainda mais e rendeu muitos e valiosos frutos.

Alain Corbin nasceu e viveu num vilarejo da Normandia até o começo de sua juventude, quando se muda para a cidade de Caen, com o objetivo de iniciar sua formação como historiador. As defesas de suas teses de doutorado e de estado aconteceram respectivamente nas Universidades de Poitiers, em 1968, e Clermont-Ferrand, em 1973. Sua sólida formação e a qualidade desses seus trabalhos acadêmicos e de suas primeiras publicações já eram bastante reconhecidas naquele período, mas a condição de grande nome da historiografia francesa e de precursor da História das sensibilidades ocorreria no início da década de 1980, com a publicação de *Le miasme et la jonquille*[10]. Corbin foi professor na Universidade de Limoges e, depois, na Universidade de Tours. O reconhecimento de seu talento singular lhe abriria ainda e em breve as portas da Sorbonne. Ele se torna professor da Universidade de Paris I/Sorbonne Panteão a partir de 1987. No ano seguinte, conforme vimos, ocorre a publicação de *História do rosto*. A considerável repercussão positiva do livro de Courtine e Haroche fez com que Corbin convidasse seus autores para proferir uma conferência em seu seminário de História moderna na Sorbonne. Assim, se promoveu o encontro entre Courtine e Corbin. As relações entre ambos também se estreitariam desde então e dariam frutos igualmente valiosos em meados da primeira década do século XXI.

---

9. COURTINE, J.-J.; VIGARELLO, G. La physionomie de l'homme impudique. *Communications*, 46, 1987, p. 79-91.

10. CORBIN, A. *Le miasme et la jonquille: l'odorat et l'imaginaire social (XVIIIème et XIXème siècles)*. Paris: Aubier, 1982 [trad. bras.: *Saberes e odores: o olfato e o imaginário social nos séculos XVIII e XIX*. São Paulo: Companhia das Letras, 1987].

De volta à França no início de 2003, agora como professor da Universidade Sorbonne Nouvelle, Courtine propõe a Vigarello, então professor da Universidade de Paris V e da Ehess/Paris, a organização de uma grande obra de síntese histórica de importantes estudos sobre o corpo. Eles já tinham publicações em coautoria e Vigarello já havia publicado vários títulos sobre o tema[11]. A proposta de Courtine foi aceita por seu colega e, em seguida, ambos a estenderam a Alain Corbin. Também foi positiva a resposta deste último e, assim, se iniciou uma colaboração que rendeu a publicação de três obras monumentais, às quais já nos referimos aqui: *História do corpo*, *História da virilidade* e *História das emoções*. Cada uma dessas três obras monumentais foi publicada em três grandes e belos volumes compostos por capítulos cuja redação ficou a cargo de renomados especialistas em fenômenos, temas e contextos históricos diversos. Elas já foram traduzidas em várias línguas, estão presentes em cinco continentes e já receberam diversos prêmios. Em boa medida, esse sucesso editorial pressupõe os sucessos acadêmicos e científicos desses três autores e deriva da qualidade dessas obras, mas também do nomadismo e da inquietação do pensamento de Courtine.

"Pensar é passar". O nômade preza a passagem, mas não está sempre e necessariamente num incessante e agitado movimento. Em seu trajeto, há pausas, respiros e reflexão sobre o próprio percurso. Assim, ele pensa sobre o passado, se situa em seu presente e mais bem planeja os passos futuros. **Corpo e discurso** é um privilegiado instantâneo de um desses momentos de repouso e de ponderação sobre o caminho percorrido, sobre o estado em que se encontra o trabalho e sobre a direção a seguir no avanço do pensamento. Nessa sua autor-reflexão, como fazem os verdadeiros mestres, Courtine nos

---

11. VIGARELLO, G. *Le Corps redressé*. Paris: Delarge, 1978. • VIGARELLO, G. *Le Propre et le sale: L'hygiène du corps depuis le Moyen Âge*. Paris: Seuil, 1987. • VIGARELLO, G. *Histoire du viol: XVIème-XXème siècles*. Paris: Seuil, 1998. • VIGARELLO, G. *Passion sport: Histoire d'une culture*. Paris: Textuel, 1999.

dá grandes e valiosas lições. Elas não apenas nos transmitem muitos conhecimentos, mas também nos ensinam a pensar, a refletir sobre o próprio pensamento e a estimulá-lo a adotar cada vez mais a via da originalidade e do compromisso entre a excelência intelectual e a responsabilidade política. Essas lições estão onipresentes em cada um dos capítulos deste livro. O primeiro deles, **Uma genealogia da Análise do discurso**, consiste numa versão inédita da história da AD. Em outras, empreendidas pelo próprio Pêcheux ou por outros integrantes de seu grupo, podemos identificar um foco que contempla as dimensões teóricas e epistemológicas desse campo do conhecimento e que as considera a partir de uma curta duração histórica e de uma epistemologia da ruptura[12]. Elas traçam, portanto, uma história "interna" do conhecimento. Por sua vez, nessa sua versão, Courtine aponta as limitações dessa história da Análise do discurso, tal como ela é relatada por seus próprios protagonistas, sem um devido distanciamento em seus relatos e com a produção de efeitos derivados de interesses acadêmicos e institucionais. Além disso, indica e demonstra a pertinência e a produtividade de outra forma de contar essa história, recorrendo a outros horizontes de retrospecção e a outros pontos de vista e analisando fatores e fenômenos políticos, sociais e culturais, aparentemente extrínsecos à produção dos conhecimentos científicos, mas que lhes são efetivamente constitutivos.

Já em **Desconstrução de uma língua de madeira**, Courtine recapitula os resultados de suas análises dedicadas ao discurso político, identifica os problemas e limites de seus pró-

---

12. É o que ocorre nestes textos e em outros tantos que os glosaram: PÊCHEUX, M. A Análise do discurso: três épocas. *Por uma análise automática do discurso: uma introdução à obra de Michel Pêcheux*. Campinas: Unicamp, 1997, p. 313. • MALDIDIER, D. A inquietude do discurso – Um trajeto na história da Análise do discurso. *Legados de Michel Pêcheux*. São Paulo: Contexto, 2011, p. 39-62. Além dos trabalhos de Courtine, outras exceções a essa abordagem "interna" da história da AD podem ser lidas em *Saussure, o texto e o discurso* (Parábola, 2016).

prios e de trabalhos alheios, propõe-lhes soluções e avanços e ainda reflete sobre as propriedades e os equívocos das práticas de linguagem de políticos e militantes do campo progressista, de modo geral, e do Partido comunista francês, em particular. Entre outras de suas contribuições para a Análise do discurso, constam ali as seguintes: a concepção das noções de "memória discursiva" e de "enunciado dividido", a reconfiguração da noção de "condições de produção", a reapropriação dos trabalhos de Michel Foucault sobre a ordem do discurso e os usos inovadores do arsenal informático de que parte da AD então se valia. Munido desses e de outros recursos, Courtine mostra que a emergência e os primeiros desenvolvimentos da Análise do discurso podem ser concebidos como negação teórica de uma significativa transformação nas mentalidades e nos comportamentos entre as décadas de 1960 e 1980. Mostra igualmente que a língua de madeira do PCF, com suas falas herméticas, monológicas e burocráticas, foi se desconstruindo e perdendo cada vez mais espaço para a língua de vento da publicidade, com suas falas leves, supostamente interativas e muito sedutoras. Durante um bom tempo, comunistas e socialistas pareciam ter perdido o bonde da história: continuavam a falar à moda antiga para uma classe operária que já não mais existia como eles supunham e a não escutar devidamente o que oprimidos e explorados tinham a lhes dizer.

Por seu turno, **O espetáculo político das massas** corresponde a uma densa história das formas de comunicação política. A passagem do tempo dos monólogos à era dos diálogos, bem como a mudança de antigos pronunciamentos políticos, marcados por longas séries argumentativas, por prolixas recapitulações e por falas, gestos e vozes veementes, para recentes conversas políticas breves, leves e dialógicas sobre a vida privada, é fenômeno complexo, que tem precedentes históricos e que não se reduz à transmissão do discurso político pela tevê. Courtine constrói aqui uma arqueologia do espetáculo político, com vistas a destacar tanto a historicidade de um processo, em detrimento de uma concepção imediatista das práticas de linguagem política de nossos tempos, quanto as singularidades dos fatos e acontecimentos contemporâneos. Para tanto, remonta à formação dos príncipes para o exercício do poder no final da Idade Média e no início do Renascimento, mas seu exame se concentra, sobretudo, nas diferenças entre as falas públicas nas sociedades de massa do último quarto do século XIX e das primeiras décadas do XX, e aquelas posteriores à Segunda Guerra Mundial, principalmente, depois dos anos de 1960 nos Estados Unidos e da década de 1970 na Europa. A democracia neoliberal, as tiranias da intimidade, a aceleração dos ritmos de vida e a televisão pacificam o corpo dos políticos, reduzem e simplificam suas falas e suavizam sua voz. Desse modo, se decretou o fim da eloquência à moda antiga e se estabeleceu definitivamente a época das conversas e dos rumores.

Finalmente, o último capítulo, também intitulado **Corpo e discurso**, é ao mesmo tempo um porto de chegada e de partida. Depois de ter empreendido uma inovadora história da Análise do discurso, de lhe ter aportado contribuições inestimáveis, de ter executado análises minuciosas do esgotamento da língua de madeira do Partido comunista francês e da instalação da língua de vento da publicidade de mercado no campo político e de ter realizado uma refinada arqueologia das formas espetaculares da comunicação política, no interior da qual as relações entre *corpo e discurso* se mostraram fundamentais, Courtine faz um balanço do modo como tais relações foram concebidas em seus recentes trabalhos dedicados à história das práticas de linguagem, particularmente das expressões, contenções e emoções do rosto, das conversações e dos silêncios e ainda das glossolalias, assinala caminhos promissores para os analistas do discurso e traça a rota pela qual seguirão suas próximas publicações.

Eis aqui o privilegiado instantâneo que apreende o percurso, a passagem e o projeto. Sua história das práticas de linguagem trata de objetos compósitos e transicionais e abre espaço para novas investidas: o rosto e suas expressões são materialização da linguagem no corpo. De modo análogo, as manifestações da glossolalia são o corpo e a voz projetados na linguagem. A abordagem e a compreensão do corpo, da voz e de suas relações com a linguagem ocorrem num momento de colapso do estruturalismo linguístico mais estrito. Um fio condutor atravessa esses movimentos apreendidos: a compreensão das propriedades e das transformações das práticas de linguagem exige imersões na história para constatar suas constâncias, singularidades e variações. No início destas suas considerações finais, Courtine indica a abertura da AD à História das sensibilidades com estes termos:

> Foi com o objetivo de compreender as recentes mutações das discursividades políticas que paulatinamente se nos impôs a ideia de examinar a relação entre corpo e discurso nas formas da fala pública. Esse projeto estava inicialmente circunscrito à era contemporânea e à esfera política. Mas, ele se transformou, pela própria historicidade dos objetos com os quais nos confrontamos, numa investigação sobre as práticas e representações do rosto e da expressão a partir do século XVI. Eis aí um longo desvio, uma digressão imprevista e um feliz "acidente" da pesquisa, que deu origem a um conjunto de trabalhos nos campos da Antropologia cultural, da Semiologia histórica e, mais tarde, da História das sensibilidades.

Não há corpo fora da história e da linguagem. Entre o corpo e o discurso, as relações são diversas e constitutivas. A discursividade não só incide sobre as ações, os comportamentos e os sentidos do corpo, mas também chega até elementos de sua anatomia e de sua fisiologia. Em contrapartida, não há discurso sem corpo. Das substâncias e das formas históricas e orgânicas brota a matéria de toda fala. Além disso, essa matéria da fala e o trânsito de nossos enunciados estão eivados de marcas dos nossos corpos. Mas, é necessário acrescentar: o corpo não se reduz ao discurso. Por um lado, o fato de o corpo ser condição de possibilidade material e subjetiva do dizer indica a existência de espaços corporais aquém do discurso. Por outro, todos os discursos sobre o corpo e suas tentativas de enredá-lo não preenchem seus vazios e seus excessos, que projetam um espaço além do discurso. A partir desses avanços do pensamento de Courtine sobre os laços entre *corpo e discurso*, podemos ainda pensar nestes outros aspectos dessa relação fundamental: todo ser humano é um corpo falante e esse corpo é um lugar de fala por excelência. A presença de um nosso semelhante é pulsão, promessa, projeto e *performance* da palavra. Tudo isso se torna ainda mais latente, forte e manifesto com a emissão da voz humana e com a atualização dos atos de fala. Linguistas e filósofos nos ensinam que a voz humana, mesmo quando ainda não articulada sob a forma da fala, já não é mais mero ruído da natureza nem mais rumor bestial. Sua projeção é imediatamente o sinal de um corpo falante, de um ser que pensa, sente e tem algo a dizer[13]. A emissão vocal humana consiste no signo ontológico e histórico de um ser semelhante, de um outro como o eu, porque esse outro não é somente um corpo, mas, um ser humano, cuja voz indica seu querer, seu saber e seu poder dizer algo. Esse outro como um outro eu é ao mesmo tempo um corpo e um espírito, é matéria e linguagem constitutivas de uma mesma entidade. Isso, por sua vez, compromete a divisão metafísica entre natureza e cultura, entre a aparência e a materialidade carnal, de um lado, e a essência e a intangibilidade anímica, de outro.

Sabemos que essa divisão é fundamental para a possibilidade de reduzir o outro humano a elemento da natureza, a pedaço da carne mais barata do mercado ou, ao menos, a ser inscrito em posição inferior de uma hierarquia em cujo

---

13. Entre outros que trataram dessas questões, cf.: AGAMBEN, G. *A linguagem e a morte.* Belo Horizonte: UFMG, 2006. • BENVENISTE, E. O aparelho formal da enunciação. *Problemas de linguística geral.* Vol. II. Campinas: Unicamp, 1989. • ROUSSEAU, J.-J. *Ensaio sobre a origem das línguas.* Campinas: Unicamp, 2008.

topo se situam aqueles que falam com o refinamento de suas almas e espíritos e através de seus corpos brancos, burgueses e bem-nutridos. Disso deriva a obsessão dos poderes opressores pela depreciação e pela interdição dos corpos e dos atos de fala de oprimidos, explorados, perseguidos e marginalizados. Todos os corpos são constituídos por marcas de raça e de classe, de sexo e de gênero, de tempo e de espaço. Com base nessas marcas, os privilégios de uns poucos e o abandono de milhões foram instaurados e continuam a ser reproduzidos. Apesar de muitas e profundas transformações históricas e sociais e das importantes, mas, ainda insuficientes, conquistas igualitárias, obtidas a duríssimas penas, essas marcas persistem a reatualizar o abismo que separa eleitos e rebaixados. Detratar o corpo, a voz e a fala destes últimos é passo crucial no propósito de não lhes reconhecer devida e integralmente sua própria condição humana.

Já foi dito e muito repetido que somos anões em ombros de gigantes. As reflexões de Courtine sobre as relações entre *corpo e discurso* e sobre a história da expressão e da contenção do rosto, das deformidades corporais, das crises e metamorfoses da virilidade e da onipresença moderna e contemporânea das emoções são apoio e impulso fundamentais para que possamos continuar avançando no exame e na compreensão das práticas de linguagem e de seus papeis decisivos no estabelecimento dos consensos e dos conflitos de nossas sociedades. Conforme já reiteramos, entre outros deslocamentos, a passagem por esses distintos objetos e por variados campos do conhecimento faz de Courtine um nômade. Mas, é preciso acrescentar o seguinte: ele não é só um nômade, mas um nômade reflexivo e também um mestre generoso. Ao refletir sobre seu trajeto aqui nestas páginas de **Corpo e discurso**, ele se diz um "andarilho", que interrompe a marcha por um instante, volta seu olhar sobre o percurso, observa as marcas de seu caminho e se pergunta "Como eu cheguei até aqui?" Esses gestos de autorreflexão lhe dão ensejo para que ele nos guie gentil e generosamente por uma via cheia de ensinamentos sobre teoria, método e epistemologia em Ciências humanas e por uma estrada igualmente repleta de estímulos ao pensamento livre, original e comprometido com a qualidade científica, com a responsabilidade social, com a abertura de espírito e com a ampliação de horizontes.

As fecundas lições que encontramos aqui nos oferecem fundamentos e meios para mais bem conceber e compreender fenômenos destes nossos tempos. Ontem, em consonância com os padrões e funcionamentos do neoliberalismo, do individualismo e da efemeridade, a tevê modificou profundamente as práticas de fala pública, suas representações e suas sensibilidades. Hoje, o recrudescimento exponencial desses processos e fatores encontra na emergência e na consolidação das redes sociais, em sua onipresença nas várias esferas de nossa vida e nas formas profundamente deletérias e muito eficazes como grupos e sujeitos reacionários, extremistas e violentos as empregam um aliado poderosíssimo na disseminação de discriminações, intolerâncias e ódios à diversidade das formas de vida e às fragilidades dos que foram e continuam a ser discriminados e excluídos.

Essas lições de Courtine nos permitiram elaborar uma reflexão mais densa sobre a longa história de discriminações sofridas pela fala pública popular e pela escuta popular da fala pública e sobre a linguagem das estratégias eleitorais e políticas da extrema-direita que ascendeu recentemente à presidência da República no Brasil[14]. Em relação a esta última, indicamos que se trata de uma linguagem populista com indeléveis traços fascistas. Isso porque consiste em linguagem humana que pretende calar a linguagem humana, rebaixar a condição humana e eliminar a vida humana de todas aquelas e de todos aqueles que pensam, agem e falam diferentemente das "pessoas de bem". Populistas com propriedades e pul-

---

14. Cf., respectivamente: PIOVEZANI, C. *A voz do povo: uma longa história de discriminações*. Petrópolis: Vozes, 2020. • PIOVEZANI, C.; GENTILE, E. *A linguagem fascista*. São Paulo: Hedra, 2020.

sões fascistas falam para calar a crítica que lhes é dirigida e para atacar e, até mesmo, eliminar a diversidade das formas de vida numa sociedade. Sua marca mais característica é a violência tanto nas coisas que diz quanto em seus modos de dizê-las.

Seu Narciso não só acha feio o que não é espelho, mas também o detrata, o humilha, o ataca e o persegue, prega sua eliminação e participa direta ou indiretamente das violências e mortes que lhe são infligidas. Assim, o outro nunca é reconhecido como um outro eu e é sempre transformado em inimigo. Sua fala é fálica, porque se trata de palavra de ordem, de repetição sem abertura à diferença e ao diálogo, de vontade de poder absoluto e de comando que se pretende executado sem reflexão. Essa fala fascina uma massa de adeptos e de militantes apaixonados, e ainda não poucos ressentidos e rebaixados, com as promessas de liberdade, entendida como liberação sem limites. A liberdade econômica se torna liberação total de exploração, que pode incluir até o trabalho análogo à escravidão; a liberdade de expressão se torna liberação total para detratar, humilhar e atacar vulneráveis; e a liberdade de governo se torna liberação total para destruir o Estado, para reduzir a sociedade a um brutal estado de natureza. A eficácia desse arsenal aumenta bastante com a compra e o uso de dados dos *Big data* e com os disparos via redes sociais de mensagens, que em sua ampla maioria são mentiras mal contrafeitas, a destinatários bem definidos e segmentados. Além disso, o potencial persuasivo desses disparos se incrementa com o emprego de uma espécie de *politropia hi-tech*[15].

---

15. Desenvolvemos essa ideia em *A linguagem fascista*. Op. cit. Nós a concebemos a partir deste princípio: certa tradição de sofistas e retores antigos postulava que os discursos mais persuasivos são aqueles especificamente dirigidos a públicos mais ou menos exclusivos. "Há os válidos para os jovens, os para as mulheres, os para os arcontes, os para os efebos. Essa característica vem aí definida como *polytropía* ou faculdade de encontrar os diversos modos de expressão convenientes a cada um" (PLEBE, A. *Breve história da retórica antiga.*

Essas e outras de nossas reflexões sobre as práticas de linguagem, sobre suas propriedades e suas transformações tiveram e continuam a ter no pensamento de Courtine fundamento e inspiração. Nosso encontro com sua obra e nosso privilégio de tê-lo como mentor e interlocutor há quase duas décadas foram um divisor de águas em nossa formação e prosseguem marcando os passos de nossa trajetória acadêmica e pessoal. Como nômade reflexivo e mestre generoso, em reiteradas circunstâncias dessa interlocução, de modo análogo ao que lhe fazia Michel de Certeau, ele nos disse: "Penser, c'est passer, Carlos!" Acrescentando, em seguida: "Mais, c'est aussi laisser des traces..." Pensar é passar, mas é também deixar suas marcas pelo caminho e, principalmente, nas pessoas que encontramos ao longo de nossas jornadas.

Numa daquelas passagens dedicadas à descrição dos nômades em sua *Política*, Aristóteles adiciona certa nuança aos discursos antigos, cujos preconceitos ele próprio subscrevia e fomentava: seus modos de vida consistiriam no cultivo de uma "lavoura viva". Como nômade reflexivo e mestre generoso, Courtine cativa, cultiva e cultua todas aquelas e todos aqueles que já tiveram a oportunidade de travar contato com sua obra, de ouvi-lo e de lhe dirigir a palavra. Uma antiga parábola dos evangelhos diz que a fala do amor, do bem e da justiça é semente. Quando lançada, ela pode cair em terra boa e frutificar, mas pode também acabar em pedras e nos espinhos, fazendo com que essa palavra semente não deite raiz nem tampouco dê frutos. Dizem ainda os evangelhos que há os que ouvindo, ouvirão, mas não compreenderão, e que vendo, verão, mas não entenderão. Mas, há também os bem-aventurados, porque seus olhos veem e seus ouvidos ouvem[16]. Portanto, em que pese a potência sagrada da palavra de Deus, seus bons resultados dependeriam do acolhimento e da fertilidade da terra boa ou da con-

---

São Paulo: EPU, 1978, p. 3).
16. Lc 8,4-15; Mc 4,1-20; Mt 13,1-23.

dição inóspita de outros ambientes, da receptividade e da ternura ou do fechamento e da frieza do coração dos que a ouvem e a veem.

Em seu mais célebre sermão, o Padre Antônio Vieira faz uma longa, complexa e belíssima glosa dessa parábola e sustenta que a responsabilidade pela escassez da frutificação da fértil e poderosa palavra de Deus não poderia, evidentemente, lhe ser atribuída nem poderia ser depositada em seus ouvintes. De fato, ela era de seus pregadores: "Sabeis a causa por que se faz, hoje, tão pouco fruto com tantas pregações? É porque as palavras dos pregadores são palavras, mas não são palavras de Deus". Numa inflexão dos próprios evangelhos, Vieira postula que "a palavra de Deus é tão poderosa e tão eficaz, que não só na boa terra faz fruto, mas nasce até nas pedras e nos espinhos"[17]. Guardadas as devidas diferenças e proporções, a vida e a obra nômades de Courtine lançaram muitas sementes pelo caminho e já deram provas de seu poder e de sua fecundidade. Também por isso, suas publicações dispensam apresentação.

Este seu **Corpo e discurso** vem confirmar essas provas e suas palavras hão de ser eficazes e de dar muitos frutos nessa "lavoura viva" composta por todas e por todos nós, bem-aventuradas leitoras e bem-aventurados leitores destas páginas a seguir. De Certeau recusava a assimilação da leitura às recepções passivas e a concebia como uma ativa operação de caça. Leitoras e leitores são peregrinos que "circulam nas terras alheias, nômades caçando por conta própria através dos campos que não escreveram". A leitura seria, portanto, um exercício de ubiquidade: "ler é estar alhures, onde não se está, é estar em outro mundo"[18]. É certo que nem todo texto nem qualquer leitura proporcionam essas experiências de

---

17. VIEIRA, A. *Essencial Padre Antônio Vieira*. São Paulo: Companhia das Letras, 2011, p. 133-169.

18. DE CERTEAU, M. *A invenção do cotidiano – Vol. 1: Artes de fazer*. Petrópolis: Vozes, 2000, p. 269.

semeadura e colheita, de caça e desdobramento no tempo e no espaço. Não temos dúvida alguma de que aqui ocorrerão essas experiências, nas quais o *corpo* e o *discurso* também se entrelaçam: as vozes das leitoras e dos leitores deram, dão e darão corpo às autoras e aos autores e ainda sentido a seus textos. Mas, também as vozes de autoras e autores dos textos que têm efetivamente algo a nos dizer tocam o corpo falante de cada uma e de cada um de nós. Enquanto os lemos, conjuntamente, pensamos, passamos e deixamos nossas marcas pelo caminho.

Carlos Piovezani
Universidade Federal de São Carlos, junho de 2022.

Introdução

Este livro consiste numa versão ora mais ora menos modificada do memorial de nossa *Thèse d'État* e reúne textos que compuseram o dossiê submetido à avaliação de renomados linguistas e analistas do discurso na Universidade de Nanterre, em 1989. Na França da década de 1980, a aprovação de uma tese de estado por uma banca de reconhecidos especialistas de determinada área de conhecimento era uma exigência para as pessoas que pretendiam se tornar professores universitários ou avançar nessa carreira, orientando dissertações de mestrado e teses de doutorado, depois de terem obtido seu próprio doutorado e de já terem alcançado resultados relevantes em suas pesquisas. Dito isso, gostaríamos de acrescentar a esta *Introdução* algumas precisões sobre a escolha dos capítulos aqui selecionados, sobre sua sequência e sobre sua natureza.

Em primeiro lugar, no que se refere à seleção de seus capítulos, pela própria condição da tese de que este livro derivou, constam aqui somente estudos que foram realizados posteriormente à defesa de nossa tese de doutorado, que também ocorreu na Universidade de Nanterre, em março de 1980. Por essa razão, foram excluídos daqui os artigos que dela foram extraídos diretamente, assim como a edição de n. 62 da revista *Langages* que foi dedicada na íntegra à publicação de *Analyse du discours politique: le discours communiste adressé aux chrétiens*. Essa nossa obra foi traduzida e publicada no Brasil em 2009 pela Editora da Universidade Federal de São Carlos. Além disso, descartamos alguns trabalhos que reiteravam certos pontos e passagens que já constavam nos capítulos pelos quais optamos e que se encontram aqui neste **Corpo e discurso**. Finalmente, dessa seleção, excluímos ainda aqueles que nos pareciam ser de menor interesse.

Conforme o leitor pode observar no *Sumário*, os capítulos estão dispostos numa sequência que contempla predominantemente a Análise do discurso, o discurso político e suas transformações, a história do rosto e de outras práticas de linguagem e, finalmente, as glossolalias. Essa sequência é, ao mesmo tempo, temática e cronológica. Mas, é a abordagem histórica que desempenha a função de fio condutor, na medida em que atravessa e articula todos esses temas e fenômenos. Em conjunto, essa sequência e essa abordagem buscam proporcionar uma leitura contínua e uma passagem bastante fluida de um capítulo a outro. Com o intuito de oferecer indicações bibliográficas necessárias e/ou complementares, inserimos notas de rodapé que julgamos indispensáveis.

Cremos que talvez possa interessar ao leitor a informação sobre algumas outras de nossas produções publicadas antes da defesa de nossa tese de doutorado e que foram avaliadas naquela ocasião pela banca de especialistas como parte dos requisitos para sua aprovação. São elas: a edição de n. 94 da revista *L'Arc*, publicada em setembro de 1984 e dedicada a George Orwell; a edição de n. 91 da revista *Langages*, publicada em setembro de 1988 e dedicada às glossolalias; o livro de que fomos um dos organizadores, cujo título é *Matérialités discursives*, publicado pela Presses Universitaires de Lille, em 1982, que foi traduzido e publicado no Brasil em 2016 pela Editora da Unicamp; a reedição da obra *L'art de se taire*, do Abade Dinouart, que realizamos em conjunto com Claudine Haroche e que foi publicada pela Editora Jêrome Millon, em 1987; e, finalmente, o livro *Histoire du visage*, elaborado também em conjunto com Claudine Haroche, publicado pela Editora Rivages, em 1988, e traduzido e publicado no Brasil pela Editora Vozes, em 2016.

No que se respeita novamente aos capítulos deste livro, nosso desejo consistia em não somente reuni-los e dispô-los numa ordem cronológica, cujos encadeamentos fossem estabelecidos apenas por nossos esforços retóricos de criar entre os textos essas coerências retrospectivas guiadas pela memória. Para tanto, tentamos não esconder os desvios, os impasses e os obstáculos em nossos caminhos, assim como as iniciativas planejadas e, depois, suspensas, os projetos que foram ignorados num primeiro momento e, mais tarde, realizados. A vontade de seguir certo trajeto não poucas vezes concorreu para nos conduzir a outros e inesperados lugares. Nesse percurso, nos enveredamos por amplas avenidas que por vezes não nos levaram a parte alguma, assim como por passagens estreitas e sinuosas que nos permitiram avançar no pensamento. Em suma, ao reunir e ordenar estes capítulos, adotamos a posição de um andarilho que, enquanto estava na estrada, aproveitando a pausa que lhe fora oferecida, voltava seu olhar sobre o trajeto, se inclinava sobre o traçado de seu caminho e se perguntava: "Como eu cheguei até aqui?"

Essa questão e a busca por suas respostas nos eram absolutamente necessárias para que pudéssemos estabelecer e mais bem compreender uma significativa inflexão operada ao longo desse percurso intelectual de algumas décadas de trabalho. Tal inflexão, que está manifestamente marcada nos capítulos deste livro, nos conduziu de uma análise linguística do discurso político a reflexões sobre as relações históricas entre *corpo e discurso* em diversas práticas de linguagem. Esta última orientação, cujos desenvolvimentos não havíamos previsto incialmente, nos conduziu ao exame retrospectivo dos nossos primeiros trabalhos, mas também à emergência de algumas das mais recentes orientações de nossas pesquisas. Assim, o **capítulo I** é dedicado à história e aos desdobramentos da Análise do discurso. Já o **capítulo II** trata do discurso político, indicando os resultados e os limites do trabalho que realizamos. Na esteira da identificação desses limites, procuramos indicar no **capítulo III** certas possibilidades e perspectivas que, ao mesmo tempo, prolongam a problemática inicial em torno do discurso político e integram os desenvolvimentos recentes consagrados às relações históricas entre *corpo e discurso*: uma história das formas de comunicação política. Finalmente, o último capítulo, cujo título é justamente **Corpo e discurso**, consiste numa espécie de conclusão que reflete sobre os trabalhos mais atuais e que indica algumas direções teóricas e metodológicas no campo da história da linguagem e de suas práticas e representações.

Uma genealogia da Análise do discurso

> *Em história, é abstrata toda "doutrina" que recala sua relação com a sociedade. Ela nega aquilo em função de que se elabora. Sofre, então, os efeitos de distorção devidos à eliminação daquilo que a situa em seu devido lugar, sem que ela perceba esses efeitos: o poder que tem sua lógica; e o lugar que sustenta e "mantém" uma disciplina no desdobramento de suas obras sucessivas etc. O discurso "científico" que não trata de sua relação com o corpo social não pode se tornar uma prática efetiva desse campo. Ele simplesmente deixa de ser científico.*
> DE CERTAU, M. *L'écriture de l'histoire.* Paris: Gallimard, 1975, p. 70.

Este trabalho se inscreve numa orientação de pesquisa que surgiu no fim dos anos de 1960, a partir da conjunção entre marxismo e linguística: a *Análise do discurso*. À sua maneira, este capítulo reflete sobre sua história, mas ele é também um reflexo dessa própria história da AD. Trata, ao mesmo tempo, de questões relativas à sua emergência (Por que o aparecimento súbito de uma problemática do discurso na linguística?), daquelas relativas às formas pelas quais a Análise do discurso pôde realizar seus trabalhos (Quais foram suas orientações teóricas, a quais objetos ela se consagrou? Quais postulados, noções e procedimentos ela elaborou? Quais foram os resultados que ela alcançou?, entre outras) e daquelas, enfim, relativas a seu futuro.

A propósito deste último aspecto, poderíamos dizer que a situação atual da AD é paradoxal: ela contribuiu para promover o emprego do termo "discurso" entre os linguistas, com o qual eles não se preocupavam anteriormente. Simultaneamente a esse crescimento no uso desse termo, podemos constatar certo esgotamento dessa problemática, cuja tarefa, a partir dos anos de 1968-1970, foi a de elaborar uma concepção de discurso que o tornasse um objeto essencial para a compreensão das realidades históricas e políticas. Com base nessa compreensão, surgiria a possibilidade de uma intervenção teórica crucial para quem pretendia, ao mesmo tempo, compreender a sociedade e operar sua transformação. Os textos de Análise do discurso de que tratamos direta e/ou indiretamente aqui testemunham, a seu modo, o desenvolvimento e, posteriormente, o refluxo desse projeto da AD. Esta nossa reflexão é, portanto, a crônica de uma disciplina, mas também a história mais ou menos pessoal de nosso relativo afastamento desse campo do saber.

Separar e articular

A partir de uma história "interna" da Linguística, a Análise do discurso pode ser considerada como um contragolpe desferido no "gesto decisivo de separação" pelo qual a disciplina linguística se institucionalizou como ciência, no começo do século XX[19]. Seu projeto foi assim pensado, ao mesmo tempo, como uma "negação" e como uma "ultrapassagem do gesto separador de Saussure"[20]. Seu primeiro objetivo foi o de rearticular o que o "corte saussuriano" havia excluído, o de fazer ressurgir o que a instituição de uma Linguística formal havia relegado ao exterior do campo da ciência da linguagem:

---

19. "Ora, o que parece ter dado força à Linguística é um certo número de gestos decisivos de separação. A importância de Saussure provém dessa determinação de negação, que permitiu circunscrever um domínio científico ciência e, no mesmo movimento, propor um corpo de axiomas" (CHEVALIER, J.C. La Langue: linguistique et histoire. *Faire de l'histoire*. Tome III. Paris: Gallimard, 1974, p. 131).

20. CHEVALIER, J.C. La Langue: linguistique et histoire. *Faire de l'histoire*. Tome III. Paris: Gallimard, 1974, p. 132.

as condições de uso da língua. O que é surpreendente na releitura atual dos textos que exprimiam esses objetivos é o ambiente de *dramatização epistemológica* no qual eles estavam mergulhados. Querer analisar os discursos era, então, querer fazer muito mais do que um simples trabalho de linguista. Era, antes, de certa maneira, desejar ocupar uma posição heroica numa luta teórica e política: reintegrar, num gesto libertador, o que uma decisão arbitrária havia excluído. O "corte saussuriano" foi o primeiro a ser visado. A maioria dos textos da Análise do discurso começava assim: a dicotomia língua/fala cria um obstáculo ao projeto de analisar o discurso. A relação da teoria saussuriana com o objeto da Linguística era geralmente apresentada sob a metáfora do que encerra, do que comprime ou do que coage: quer se tratasse de um "espartilho", que seria preciso "estourar", de um ferrolho, que seria preciso "arrebentar", de um "edifício", no qual respirávamos uma "atmosfera empobrecida" e que é preciso "demolir", ou, enfim, de um "velho modelo", do qual o bloqueio devia ser submetido a uma "ação corrosiva"[21]. Acabar com a opressão, se desfazer das antigas coerções: a Análise do discurso era frequentemente concebida como o momento inaugural de uma revolução epistemológica. Queríamos nos opor a Saussure, reproduzindo, por mimetismo, seu próprio gesto de ruptura.

O desejo dos analistas do discurso era ainda o de imaginar poder desempenhar um papel quase terapêutico em relação à Linguística, produzindo nesta última o retorno do que ela teria "recalcado". Nas cenas desse teatro teórico, interpretava-se, então, o drama deslocado da política e do desejo. A Análise do discurso foi, sob certos aspectos, o efeito dessa configuração teórica do final dos anos de 1960, feita

---

21. ROBIN, R. *Histoire et linguistique*. Paris: Armand Colin, 1973, p. 79 [trad. bras.: *História e linguística*. São Paulo: Cultrix, 1977]. • GUESPIN, L. Problématique des travaux sur le discours politique. *Langages*, Paris, 23, 1971, p. 11, 12, 14. • GUESPIN, L. Les embrayeurs en discours. *Langages*, Paris, 41, 1976, p. 47-48.

de estruturalismo agonizante, de epistemologias da descontinuidade, de uma política marxista das ciências humanas e da considerável impregnação da psicanálise na atmosfera teórica daquele momento. Para os historiadores, o discurso não se constitui como um objeto. No outro polo, os linguistas estão rigorosamente isolados no saussurianismo, na linguística estrutural e no gerativismo. A dicotomia inaugural de Saussure provoca um afastamento do sujeito, da subjetividade na linguagem e da história, um afastamento da exterioridade do texto. Em suma, dois recalcamentos simétricos. O historiador recalca o significante, a materialidade da linguagem, enquanto o linguista recalca o sujeito e a história. Numa palavra, recalcam o discurso como prática social[22].

A Análise do discurso foi, então, o lugar privilegiado de um encontro entre a linguística e a história. Esse encontro ocorreu de duas maneiras. Por um lado, a AD participou de um exame histórico e crítico dos fundamentos do gesto inaugural de Saussure. Ela pretendia questionar a própria operação de "corte" e de delimitação do campo da linguística, interpelando a centralidade da disciplina, a partir de sua periferia, lembrando-lhe seus limites e suas insuficiências, tudo o que ela teria inicialmente negligenciado. Por outro lado, ela pretendeu proceder à rearticulação do que havia sido cindido: o sistema linguístico (então, concebido como um conjunto de regras sintáticas que determinam as frases, mas também os funcionamentos que se inscrevem numa problemática da enunciação) rearticulado com as condições históricas da língua em uso (por meio da determinação das "condições de produção" do discurso).

Com efeito, no que se refere ao âmbito linguístico, aqui estão as duas fundações da Análise do discurso: um quadro sintático,

---

22. ROBIN, R. Le hors-texte dans le discours politique. *Recherches en Théories*, Montreal, 19, 1979, p. 70.

emprestado seja do distribucionalismo de Zellig Harris, seja do gerativismo de Noam Chomsky, ao qual foi acrescentada a problemática da apropriação subjetiva da língua, na perspectiva da enunciação, tal como a concebia Benveniste, ou na perspectiva da identificação dos aspectos indiciais da linguagem, à maneira dos *shifters*, de Jakobson. Esse duplo aspecto (o sistema sintático e o sujeito da enunciação) constitui, nos primeiros textos de Jean Dubois, a base linguística do que convirá articular com o "exterior" da língua[23]. Aliás, ainda no que respeita ao campo da Linguística, as perspectivas abertas por Jean Dubois foram essenciais para a constituição do projeto da Análise do discurso, do mesmo modo como a revista *Langages*, de que ele era o editor, foi o vetor determinante de sua difusão.

O que resta em nossos dias desse projeto da AD, cujos fundamentos acabamos de esboçar? Tratava-se de um campo de renovação teórica, de trocas interdisciplinares e de elaborações originais. Ele ainda é sustentável? Poderíamos duvidar disso, diante da leitura de um número da revista *Langages*[24], que fazia um balanço dos trabalhos realizados até aquele momento e que pretendia abrir novas perspectivas, passados três anos do falecimento de Michel Pêcheux. Nesse ponto, poderíamos legitimamente nos perguntar se não estaríamos aqui num tempo relativamente curto (1969-1989), diante do que parece ser o possível ciclo da emergência, da constituição e do esgotamento de uma disciplina. Com efeito, a conclusão do texto de apresentação desse número da *Langages* se dá nestes termos:

> Uma vez que é preciso concluir, formulamos a seguinte questão: o que atualmente estabelece a relação entre os artigos que nós aqui apresentamos? Buscava-se um objeto na tensão entre a história e a língua. Está claro que a balança pendeu para o lado

---

23. Cf. esp. DUBOIS, J. Énoncé et énonciation. *Langages*, Paris, 13, 1969, p. 100-110.

24. Analyse du discours: nouveaux parcours (Hommage à Michel Pêcheux). Org. de Denise Maldidier. *Langages*, n. 81, mar./1986.

da língua. O sintagma "Análise do discurso" estaria condenado? Não podemos dizer nada do que surgirá da atual fase de experimentação. Qualquer que seja o futuro da disciplina, podemos, em todo caso, afirmar que, organizando confrontações insólitas, querendo apreender, ao mesmo tempo, o léxico, a sintaxe, o discursivo, a língua, a sociedade, a história... ela foi, ela é (ela terá sido?) e ela será um lugar de aventuras intelectuais, das quais ainda não podemos mensurar todas as repercussões[25].

História e linguística: um breve encontro

No posfácio dessa mesma edição da *Langages*, Régine Robin lançava esta questão ao final de seu texto: "Este momento seria, então, um réquiem para a Análise do discurso ou o início de 'novos percursos', conforme o título desta edição?" De fato, a questão merece ser formulada, quando comparamos os trabalhos reunidos nesse número da *Langages* com tudo o que se constituiu como os fundamentos do projeto inicial da Análise do discurso. Esse projeto queria efetivamente realizar uma dupla articulação: por um lado, combinar uma dimensão histórica e crítica e uma dimensão instrumental e positiva; e, por outro, articular os aspectos históricos e linguísticos no tratamento do discurso. O que, então, resta dele?

Num trabalho consagrado ao discurso político soviético, toda perspectiva histórica foi praticamente abandonada[26]. O estudo das nominalizações no *corpus* (1961-1966) não as relaciona de modo algum às condições de formação dos discursos analisados. Que lugar ocupam, portanto, esses discursos nas transformações do *corpus* político soviético? Numa estrutura política na qual a história do discurso se confunde com a história do Partido único, quais são os papeis desem-

---

25. Maldidier, 1981, p. 7.

26. SERIOT, P. Langue russe et discours politique soviétique: analyse des nominalisations. *Langages*, 1986, p. 11-42.

penhados pelos discursos estudados na constituição de processos de homogeneização e de burocratização linguageira, tão essenciais na formação do discurso do Estado, na URSS? E como esses textos foram escolhidos? Teriam sido selecionados porque participam de "dois períodos políticos de transição", cujos fatores históricos e sociais são desconsiderados, mas também porque são "de tipo argumentativo"[27]. De fato, o trabalho se situa numa perspectiva gramatical: aquela do estudo do funcionamento das nominalizações na língua russa sobre um *corpus* de discurso político. Um linguista o lerá com interesse. Mas com o que ele poderia contribuir para a compreensão daquele contexto histórico? A partir dessa neutralização da ordem histórica do discurso, em benefício de uma abordagem gramatical, é impossível apreender e compreender as transformações que puderam afetar o regime das discursividades soviéticas:

> Ainda que o secretário-geral fosse um genial ou um demente Maquiavel moderno, mestre manipulador de estruturas sintáticas, podemos justamente desvelar em seu discurso uma forma-sujeito constituída por uma nítida predominância de relações predicativas assertivas, por um sistema de evidências, de significações transparentes e de refutações implícitas que se impõem ao destinatário, mas igualmente ao locutor...[28]

Parece não haver, portanto, um secretário-geral do Partido Comunista da União Soviética, mas, apenas, uma forma-sujeito, a permanência de um único dispositivo discursivo, que se reduz à sintaxe e a alguma semântica argumentativa inscrita na língua... A União Soviética de Stalin e a de Khrouchtchev seriam, então, a mesma? A União

---

27. Ibid., 1986, p. 11-12. As precisões dadas alhures sobre os aspectos políticos e históricos do *corpus* não modificam fundamentalmente este conjunto de críticas (cf. SÉRIOT, P. *Analyse du discours politique soviétique*. Paris: Institut d'Études Slaves, 1985, cap. II).

28. SERIOT, P. Langue russe et discours politique soviétique, p. 39.

Soviética será a mesma antes e depois de Gorbatchev? É a mesma forma-sujeito que, ontem, denunciava os traidores "hitlero-trotskystas" e que, mais tarde, vai capitanear a desmontagem das estátuas do fundador da KGB? É o mesmo "sujeito universal" do discurso soviético que, ontem, justificava a invasão do Afeganistão e que, mais tarde, vai admitir a independência das repúblicas do Império soviético? É inútil insistir: a história recente foi particularmente cruel com aqueles que queriam crer na eternidade das formas-sujeito. Mas para compreender o aniquilamento do sistema, o enfraquecimento generalizado do discurso soviético, a deserção de seus "locutores" e de seus "ouvintes", seria necessário aceitar sair do texto, separar-se da presunção filológica que consiste em reduzir a política a certo nível do discurso e a realidade, a uma certa crítica documental. Quando não sai do texto, o analista é enredado por seu objeto e acaba por reforçar essa caracterização fantasmática construída pelo próprio discurso soviético e da qual esse analista pretendia justamente se separar: esse objeto é concebido como um conjunto homogêneo e eterno de enunciados.

Patrick Sériot critica alguns trabalhos em Análise do discurso com estes termos: "Não há, portanto, marca de reforço da unidade, o que é contraditório com as conclusões de Heller e de Labbé, que tendem a apresentar os discursos do Partido Comunista da União Soviética (PCUS) e do Partido Comunista Francês (PCF) como se fossem algo monolítico e totalmente fechados sobre si mesmos. O discurso da homogeneidade é fragmentado por suas falhas: os planos de enunciação descompassada"[29]. Com efeito, os discursos do PCUS e do PCF, com suas especificidades, são absolutamente trabalhados por elementos heterogêneos e pelo apagamento de toda contradição, o que cabe à análise demonstrar e não reiterar e subscrever, conforme foi feito nesse trabalho sobre as nominalizações no discurso político soviético.

---

29. Ibid., p. 39.

A Análise do discurso entrou num período de instabilidade. O artigo ao qual acabamos de fazer alusão foi seguido, naquele número da *Langages*, por um texto de Jacques Guilhaumou e de Denise Maldidier, cujo objetivo é o de sustentar a necessidade de que o discurso seja abordado seguindo a perspectiva aberta pela História das mentalidades. Assim, o postulado fundamental desse texto pode ser concebido como uma crítica direta do ponto de vista do artigo anterior:

> Como se concentrava, inicialmente, no discurso político, a Análise do discurso clássica praticamente não tinha o que fazer diante da diversidade do arquivo. Depois de seus avanços, não podemos mais ignorar a multiplicidade dos dispositivos textuais disponíveis. A Análise do discurso passou de um interesse privilegiado pelo discurso doutrinário ou institucional para o que se poderia chamar de uma história social dos textos[30].

O campo da Análise do discurso se tornou o lugar de múltiplas tensões. Desde então, ela está dividida entre algumas diferentes maneiras de examinar seu objeto, umas que a arrastam para a Linguística e outras que a orientam em direção à História. Ela hesita entre o tratamento de *corpus* doutrinais, cujos textos provêm de instituições que se pretendem estáveis, com suas séries regulares de enunciados, tal como era a abordagem privilegiada pelas primeiras tentativas da AD, e o tratamento de práticas de linguagem dispersas, heterogêneas e concebidas como formulações que foram constituídas pela história. Enquanto, antes, ela se detinha na descrição dos textos escritos, atualmente ela se volta também para as práticas orais. Quando a AD ainda observava preferencialmente a constituição histórica e interdiscursiva dos textos, considerando os processos "verticais" que atravessam um conjunto de discursos para lhe dar coerência e consistência,

---

30. GUILHAUMOU, J.; MALDIDIER, D. Effets de l'archive. L'Analyse de discours du côté de l'histoire. *Langages*, Paris, n. 81, 1986, p. 43-56.

ela encontrou a possibilidade de analisar o fio intradiscursivo do discurso, considerando sobre a horizontalidade da formulação de uma sequência discursiva enunciada por um sujeito. Assim, enquanto, antes, a AD investigava as centralidades discursivas, agora, ela pretende apreender as margens do discurso.

> Um dos grandes deslocamentos da Análise do discurso, consoante com as novas conquistas da Linguística, com as crises das diversas Ciências Humanas e com os novos triunfos da História das mentalidades, consistiu em descompactar as formações discursivas, em concebê-las não no seu fechamento, mas na sua divisão e na sua abertura, no intercâmbio entre seu interior e seu exterior, nas suas fronteiras e nas suas bordas, reintroduzindo os elementos indeterminados, as inconsistências, as contradições e a heterogeneidade[31].

Sem dúvida alguma, há pontos extremamente positivos no projeto desse deslocamento, se desejamos estender a compreensão das materialidades discursivas[32]. Aliás, nossos trabalhos em Análise do discurso, desde o final da década de 1970, caminharam nessa direção: com o desenvolvimento, principalmente, de uma concepção do enunciado como "enunciado dividido", que interrogava o suposto fechamento das formações discursivas e com a qual construímos procedimentos de agrupamento de sequências heterogêneas para o tratamento da dispersão de enunciados num *corpus*. Mas, é preciso observar atentamente o que acompanha essa nova exigência, na maioria dos trabalhos que a praticam. Sob o termo "Análise do discurso" se desenvolvem descrições do fio do discurso, efetuadas de um ponto de vista quase formal, interativo e conversacional, ou mesmo gramatical, que

---

31. ROBIN, R. Postface – L'Analyse du discours entre la linguistique et les sciences humaines: l'eternel malentendu. *Langages*, Paris, n. 81, 1986, p. 121-128.

32. Ibid.

abandonam pura e simplesmente a articulação do texto ou da sequência oral com as condições históricas[33]. Por vezes, nesses trabalhos, até mesmo com os contextos situacionais da produção textual, são desconsiderados. No momento em que confrontamos esses estudos à "dupla articulação" que se constituiu como o fundamento do projeto da Análise do discurso, verificamos que sua dimensão histórica e que sua abordagem crítica se apagam, em proveito da descrição empírica ou da construção de procedimentos praticamente formais. Desse modo, constatamos que os aspectos linguísticos dos enunciados passam a recobrir quase totalmente as considerações históricas e sociais do discurso.

Por essa razão, a AD se encontra numa situação paradoxal. Se, antes, ela defendia a legitimidade da consideração dos funcionamentos discursivos, no momento em que a Linguística se voltava exclusivamente para a análise das unidades e regras de combinação do sistema da língua ou para as regras sintáticas da competência que subjazem as *performances* linguísticas, desde os anos de 1980, ela se viu praticamente despojada de seu objeto, pelo fato de que, a partir de então, a Linguística passou a adotar frequentemente o termo "discurso" para designar fenômenos que ultrapassavam os limites da frase. Assim, ocorreu uma multiplicação das problemáticas que tomavam o discurso como objeto empírico. Esse despojamento de que a AD passou a sofrer se deu porque essas problemáticas rompem de duas maneiras com a concepção inicial atribuída a esse termo nos estudos do discurso dos anos de 1970. Ora elas operam uma descontextualização dos discursos numa perspectiva, digamos, formalista, o que implica, no fundo, tratar o discurso como exemplos de língua; ora efetuam uma contextualização parcial das sequências discursivas no quadro de uma sociolinguística das situações e das interações. *Grosso modo*, esta última compreende análises

---

33. É o caso de todos os artigos da edição da *Langages* que examinamos aqui, com exceção do trabalho de Jacques Guilhaumou e Denise Maldidier e também do de Régine Robin.

da conversação, de tipo quase formal ou, principalmente, aquelas de tipo sociológico, e, por vezes, até mesmo, aquelas de inspiração etológica; etnometodologias; diversos tipos de pragmáticas; e ainda análises de rituais verbais e não verbais utilizados na comunicação...

Havia uma AD que pretendia articular História e Linguística. Hoje, existem Análises de discursos que, em sua maioria, abandonaram esse projeto. Não se trata de lamentar essa situação, numa nostalgia da suposta era de ouro da AD, mas de compreender essa evolução e de apreender seus efeitos no necessário exame dos discursos, ou seja, das modalidades da existência histórica das práticas de linguagem, em cujo cerne se encontram as relações entre a História e a Linguística.

As leis do mercado

Com efeito, o deslocamento descrito por Régine Robin não pode ser efetivamente analisado, conforme ela o propõe, a partir de uma história puramente interna e disciplinar do conceito de "discurso". Além das "novas conquistas da Linguística", das "crises das Ciências humanas" e dos "triunfos da História das mentalidades", essa mutação da Análise do discurso, na França, também ocorreu pelo ensejo de um conjunto de fatores externos à história das Ciências humanas, ou seja, ela também derivou de determinações históricas e sociais que produziram efeitos de reconfiguração interna do próprio campo de conhecimento.

Antes de mais nada, seria preciso analisar os elementos relacionados à luta simbólica travada pelos sujeitos que dispõem de "capital cultural" no campo científico, para parafrasearmos Pierre Bourdieu. Nesse sentido, a Linguística é um "mercado" de conceitos, mas também uma rede de posições ocupadas por "agentes" que desenvolvem estratégias no interior de relações de forças que eles pretendem conservar ou modificar. Por isso, poderíamos examinar essas transformações pelas quais passou a Análise do discurso, de modo análogo ao que foi feito no estudo que Bernard Laks dedicou ao desenvolvimento do campo da Sociolinguística francesa, entre 1968 e 1983. Poderíamos fazê-lo, com mais forte razão, pelo fato de que, em algumas das definições que lhe foram consagradas, a Análise do discurso foi concebida como um desdobramento da Sociolinguística. Na conclusão do estudo de Laks, a Sociolinguística francesa aparece como um campo profundamente heterogêneo:

> O desenvolvimento quantitativo da produção sociolinguística, particularmente entre 1975 e 1983, não foi acompanhado de uma homogeneização das perspectivas de pesquisa e dos quadros teóricos de referência. Tanto do ponto de vista das orientações temáticas quanto do ponto de vista do agrupamento dos agentes, o campo permanece profundamente segmentado em "cartéis"[34].

Laks sublinha a atração exercida pelas disciplinas próximas da Sociolinguística, a justaposição de grupos e de orientações sem relações nem influências recíprocas e a ausência de consensos. Com a leitura de seu trabalho, se torna clara a necessidade de ultrapassar uma geografia dos grupos e dos temas, limite, aliás, que Laks não ultrapassa. Isso porque sua proposta se restringe a considerar a ordem disciplinar: as vontades de delimitação de um domínio, de isolar em seu interior as zonas de consenso e de enumerar os objetos e os agentes. Assim, as pretensões críticas de uma sociologia das instituições acadêmicas, que se circunscrevem na análise das relações de força internas, acabam necessariamente produzindo efeitos acadêmicos de reforço institucional. Isso tanto é válido para o trabalho de Laks quanto para as análises de Bourdieu, das quais ele busca se distanciar: trata-se de uma ordenação no campo que, no fundo, se inscreve numa

---

34. LAKS, B. Le Champ de la sociolinguistique française de 1968 à 1983: production et fonctionnement. *Langue Française*, Paris, n. 63, 1984, p. 123.

política da ciência. Essa abordagem tende a não ultrapassar os limites da análise de sua própria estratégia no campo, de modo que o texto que ela produz se torna, em última instância, uma modalidade de intervenção. Nessa direção, vale o registro do estranhamento que pode nos ocorrer diante do modo como Bourdieu fala do corpo de professores como se ele não fizesse parte dele. Evidentemente, o *Homo academicus* é sempre o outro.

É preciso incluir outros fatores e dimensões para compreender a singularidade das posições daqueles que foram instados a trabalhar tanto no campo da Sociolinguística como no da Análise do discurso: sua vontade crítica geralmente derivada de um engajamento político que reclamava a inclusão dos âmbitos político e social no domínio da linguagem; sua rebelião intelectual contra o que era considerado como a centralidade das disciplinas; seu gosto pelas margens e pelas aberturas disciplinares, como era o caso da geração de universitários maciçamente recrutados entre 1969 e 1973, cujas preocupações e cujos recrutamentos eram já frequentemente bastante distintos dos tradicionais...

Desde o início dos anos de 1970, o desenvolvimento da Análise do discurso, bem como o da Sociolinguística, é também uma das consequências fundamentais da desestabilização de disciplinas teórica e politicamente contestadas. Essas disciplinas se viam impelidas a absorver uma massa de elementos heterogêneos, por meio de acréscimos e incorporações mais ou menos improvisados. Mas, de fato, elas não conseguiam fazê-lo. Quando Laks sublinha que a percepção atual da Sociolinguística a projeta como "um subcampo dominado pelo campo da Linguística"[35], ou quando verificamos que as descrições de *corpus* em Análise do discurso se "gramaticalizaram", constatamos que foi necessário o transcurso de uns vinte anos

---

35. Ibid., 1984, p. 123.

para que a desestabilização do campo da Linguística fosse pouco a pouco reabsorvida numa recomposição disciplinar.

Uma história dos preconceitos

Nessa perspectiva, a história da Análise do discurso poderia ser a de uma emancipação que não frutificou integralmente. Essa seria a história de uma positividade que não pôde e/ou que não soube se construir, seria a história de um país sem território ou a de um campo de conhecimento cujo objeto fronteiriço o destina a permanecer no interior de sua própria fronteira:

> A Análise do discurso trabalha nos limites dos grandes recortes disciplinares, constituindo para cada um deles um interior e um exterior inquietos. Buscando se distanciar de qualquer polêmica existente, *a priori*, entre as Ciências humanas e a Linguística, ela tenta eliminar o eterno mal-entendido que tornava difíceis os diálogos entre ambas. Para tanto, a AD, sem ecumenismos nem ecletismos, não se pretende nem disciplina auxiliar nem campo isolado. No interior da problemática de cada disciplina, ela ressalta de modo permanente que o registro da língua é irredutível a um conjunto de atos, de condutas ou de práticas sociais, assim como ele também é irredutível a uma máquina lógico-semântica[36].

Na origem do projeto da AD, havia o objetivo fundamental de exercer uma função crítica, de incomodar a cartografia estabelecida dos saberes e de constituir uma positividade e uma territorialidade disciplinar. Em razão de sua complexidade, nesse objetivo residiam certas hesitações. Constatamos que essas hesitações iniciais continuam a funcionar nos desdobramentos da Análise do discurso. Para Régine Robin, essas hesitações derivam de um trabalho sobre os limites que

---

36. ROBIN, R. Postface. Op. cit., p. 127.

ela pratica e, ao mesmo tempo, de sua condição como uma espécie de má consciência das Ciências humanas. Já para Jacques Guilhaumou e Denise Maldidier, a AD continua sendo um campo autônomo, uma "disciplina interpretativa completa em si mesma":

> Longe de ser uma metodologia auxiliar para os historiadores ou uma aventura sem margens para os linguistas, abarcando, ao mesmo tempo, as presenças linguageiras simultâneas que produzem um *corpus*, os usos reflexivos e a espessura da língua, a AD se coloca como disciplina interpretativa completa em si mesma[37].

Eis o impasse dessas interpretações da história da Análise do discurso: afinal, ela passou por uma transformação radical ou é a encarnação de história imóvel? Reiteramos que é preciso fazer intervir outros fatores e dimensões, se pretendemos compreender os desdobramentos e destinos da Análise do discurso na França e alhures. Com efeito, esses desdobramentos e destinos são indissociáveis do conjunto de elementos que modificaram profundamente "a ordem do discurso", entre o final dos anos de 1960 e o final da década de 1980. Não se pode negar que uma história interna das disciplinas permite identificar importantes fatores e determinações, que, por seu turno, incidem sobre essas próprias disciplinas. Desse modo, uma abordagem como essa torna possível a identificação de elementos que explicam parcialmente a emergência de uma Análise do discurso, as formas que ela pôde assumir, os objetos que focalizou e as transformações que sofreu. Mas, tampouco se pode negar que as metamorfoses políticas, a evolução das sensibilidades e as mutações tecnológicas conturbaram os regimes de discursividade das sociedades ocidentais contemporâneas.

Para fazer uma história da Análise do discurso, bem como para fazer uma história de qualquer ciência humana, não é

---

37. GUILHAUMOU, J.; MALDIDIER, D. Effets de l'archive. Op. cit., p. 54.

preciso nem recomendável postular a independência e a neutralidade dos métodos disciplinares, como se eles pudessem ser constituídos a distância e quase à revelia do objeto estudado. Os métodos da AD são, à sua maneira e em suas transformações, um reflexo das mutações do próprio objeto, nas suas modalidades de existência material e nas suas percepções individuais e coletivas. Não fazemos e não podemos fazer a mesma Análise do discurso político, quando a comunicação política consiste num comício que reúne uma multidão em torno de um orador e quando essa comunicação toma a forma de *shows* televisivos, aos quais cada um assiste em domicílio. Tampouco fazemos a mesma Análise do discurso independentemente dos preconceitos e das convicções de classes e grupos sociais, das transformações históricas, das segmentações sociais e ideológicas e das polêmicas antigas ou recentes que a envolvem e que a ultrapassam. Todos esses elementos exercem suas coerções sobre os discursos das Ciências humanas, sobre as escolhas dos sujeitos, sobre a definição dos objetivos de suas pesquisas e sobre a reprodução de seus critérios, focos e recortes. *Mutatis mutandis*, poderíamos aqui retomar as observações feitas por Michel de Certeau, a propósito da Historiografia religiosa, quando ele ressaltava a dependência do discurso historiográfico em relação às ideologias e às práticas que lhe são contemporâneas:

> Da mesma forma como o discurso não pode ser desligado de suas atuais condições de produção, ele não pode sê-lo da práxis política, econômica ou religiosa, que mudou as sociedades e que, num dado momento, tornou possível um ou outro tipo de compreensão científica[38].

Durante muito tempo, a AD praticamente não admitiu que as práticas ideológicas e políticas davam forma e sentido às suas operações de análise e organizavam a própria estrutura

---

38. DE CERTEAU, D. *L'Écriture de l'histoire*. Paris: Gallimard, 1975, p. 41 [trad. bras.: *A escrita da história*. 2. ed. Rio de Janeiro: Forense Universitária, 2000, p. 41].

de seus dispositivos. Ela resistiu o quanto pôde à necessária iniciativa de transformar seus preconceito e convicções em objetos de estudo. Mais recentemente, essa situação se modificou e permitiu à AD se desvencilhar de conflitos de outrora e compreender algumas especificidades das formas que ela assumiu na França, desde o final dos anos de 1960. Tudo se passa como se, finalmente, tivéssemos aprendido esta lição de Michel de Certeau:

> Quanto mais afastados da imediatez das situações conflitantes, quanto mais estivermos distantes delas, se nos torna mais fácil revelar as marcas desses conflitos contidas nos próprios estudos de seu tempo que se debruçaram sobre eles. Nesse ponto, estamos adiante do calor dessas situações conflitantes. À medida que se diluem as divisões que, ontem, organizaram não só uma época, mas também sua historiografia, elas podem ser analisadas nos próprios trabalhos historiográficos de seu tempo.
>
> Supor uma antinomia entre uma análise *social* da ciência e sua interpretação em termos de história das *ideias*, é a falsidade daqueles que acreditam que a ciência é "autônoma" e que, a título dessa dicotomia, consideram como não pertinente a análise das determinações sociais, e como estranhas ou acessórias as imposições que ela desvenda.
>
> Estas imposições não são acidentais. Elas fazem parte da pesquisa. Longe de representar a inconfessável intromissão de um estranho no Santo dos Santos da vida intelectual, constituem a própria textura dos procedimentos científicos[39].

---

39. Ibid., p. 44 e 72.

Uma política da leitura

A devida compreensão da história da Análise do discurso impõe a explicação deste fato central: o discurso político tinha se tornado a essencial preocupação dos analistas do discurso, ainda que ele não fosse seu único objeto. Com efeito, se consideramos a totalidade dos trabalhos em AD empreendidos desde os anos de 1960 e 1970, o número das descrições de *corpus* políticos é considerável e ultrapassa amplamente as análises de discursos pedagógicos e científicos e os estudos sobre os diversos *corpora* tratados pelos historiadores. Nesse ponto, a situação francesa é singular: enquanto nos Estados Unidos se descreviam quase exclusivamente textos científicos na *Discourse Analysis*, que aplicava os procedimentos definidos por Harris, na Alemanha se elaboravam gramáticas de texto e ainda em diversos países se desenvolviam diferentes tipos de pragmáticas textuais, na França, durante muito tempo, nos dedicamos a descrever o mesmo gênero de objeto (o discurso político), valendo-nos, para tanto, de um mesmo tipo de método (uma combinação entre a análise distribucional e a identificação de modalidades enunciativas).

Ora, não podemos compreender efetivamente esse fato sem considerar esse fenômeno fundamental: a relação que a pesquisa linguística estabeleceu com o marxismo, na França do final dos anos de 1960. Do mesmo modo, é preciso situar o lugar que esse último então ocupava em nossos debates teóricos e políticos. O surgimento de uma problemática linguística do discurso é contemporânea dos acontecimentos de Maio de 68. Essa revolta estudantil foi uma obsessão discursiva, porque o Maio de 68 foi uma revolução discursiva: uma exasperação na produção dos discursos, uma multiplicação de sua circulação, uma inundação verbal que enchia as ruas e as mídias e que deixou numerosas marcas textuais, que cobriam os muros das cidades. Eis o paradoxo de maio: o processo de modernização das estruturas e das mentalidades que se completava por meio da revolta estudantil foi muitas vezes narrado à época com formas discursivas amplamente arcaicas de uma fraseologia revolucionária, que já estava destinada a desaparecer. Tratava-se da primeira "revolução" midiatizada, cujos sucessos derivaram em boa medida do impacto da difusão das imagens. Essa revolução se autocelebrou numa profusão barroca de discursos, que aliava a irrupção das falas espontâneas e os últimos murmúrios das línguas de madeira. Esse momento "discursivo" intenso estendeu seus efeitos além dos clamores nas ruas. No trabalho teórico, a ideia que se impôs foi a de que a crítica dos discursos era a primeira tarefa de qualquer crítica. Em *A arqueologia do saber* (1969) e em *A ordem do discurso* (1971), Michel Foucault buscou desfazer os laços que, silenciosamente, teciam a relação entre o discurso e o poder na materialidade de seus enunciados. Mas, essa posição crítica do "tudo é discurso" foi, sem dúvida nenhuma, levada a seu paroxismo pelas concepções althusserianas da prática filosófica como "luta de classes na teoria". Tal posição fez emergir um conjunto de questões, centradas na relação entre discurso e ideologia, que se tornou um verdadeiro programa de pesquisa crítica para as ciências humanas: o que é um discurso teórico? Como reconhecer um discurso ideológico? Como diferenciá-lo de um discurso científico? Essas questões inauguraram o debate aberto por Louis Althusser, a propósito da releitura do *corpus* marxista.

O empreendimento althusseriano de releitura do *Capital* contribuiu amplamente para promover a necessidade de uma análise do discurso. Era preciso "romper com o mito religioso da leitura", cuja consequência seria a de que "uma vez rompidos esses laços, uma nova concepção do discurso se tornaria possível"[40]. Os linguistas, bem como outros pesquisadores, não ficaram insensíveis a esse debate. Mais do que isso: boa parte das Ciências humanas esperava que eles fornecessem dispositivos objetivos e formais que permitiriam distinguir

---

40. ALTHUSSER, L. *Lire Le Capital*. Tome I. Paris: Maspero, 1968, p. 14-15 [trad. bras.: *Ler O Capital*. 2 vol. Rio de Janeiro: Zahar, 1979].

um discurso científico de um discurso ideológico, um discurso revolucionário de um discurso reformista; um dispositivo metodológico que possibilitaria, enfim, separar o joio do trigo. Nutria-se a expectativa de que a Linguística daria sua legitimidade científica a uma política de leitura dos textos. Por vezes, se esperava e se prometia até mesmo que ela pudesse constituir o instrumento de uma pedagogia da verdade. Constatamos isso, nesta resposta de Jean-Baptiste Marcellesi a uma interrogação que lhe foi dirigida e que tratava da legitimidade da *Análise do discurso*:

> Sim, nós temos muita coisa para fazer por aqui. A reflexão sobre o discurso político deve ser desenvolvida e ensinada ao cidadão. O discurso oferecido pelo Estado ao cidadão francês é caracterizado por uma ambiguidade de superfície que, em princípio, permite leituras plurais, das quais uma, a verdadeira, cujo acesso é possível a partir do ponto de vista linguístico, está censurada porque ela se imiscui no quadro da ideologia dominante[41].

O projeto da Análise do discurso se inscreve aqui num episódio moderno da longínqua relação entre a pedagogia e a política. Desde a Revolução Francesa, um dos maiores e mais nobres propósitos do professor republicano e, mais tarde, do operário militante era o de "esclarecer o povo", de lhe ensinar a ler sua própria opressão com a leitura dos textos que, ao mesmo tempo, a exprimiam e a mascaravam[42].

Esse é um dos fatores que explicam essa predominância do discurso político entre os *corpora* tratados, durante esse período inicial da AD. De fato, não se trata somente da escolha dos *corpora*, mas também de sua própria forma

---

41. MARCELLESI, J.B. *Analyse du discours en France: oppositions ou contradictions*. Universidad do México, 1977, p. 2 [mimeo.].

42. Alguns elementos dessa história se encontram em L'instituteur et le militant", artigo publicado em *Archives & Documents de la Shesl*, n. 2, mar./1982, p. 1-15 [trad. bras.: O professor e o militante. *Metamorfoses do discurso político*. São Carlos: Claraluz, 2006, p. 9-28].

e, principalmente, da inscrição desse tipo de trabalho na conjuntura política da época. A análise do discurso político se desenvolveu na França num contexto dominado por um "acontecimento discursivo" que sucedeu o Maio de 68: a assinatura do *Programa Comum de União da Esquerda*. A opacidade discursiva desse texto e sua ambiguidade política, no compromisso resultante da fusão de dois discursos num único, reforçou a disposição "natural" da Análise do discurso de privilegiar as descrições tipológicas contrastivas dos discursos do Partido Socialista e do Partido Comunista.

Houve frequentemente uma tendência de se conceber a história da Análise do discurso independentemente desse conjunto de fatores históricos e sociais. Essa tendência se estabeleceu em razão do medo de que seus resultados fossem enfraquecidos, de que suspeitas sobre sua legitimidade fossem levantadas e de que neutralidade científica fosse desqualificada. Trata-se de uma posição bastante frágil: as determinações políticas de uma pesquisa se tornam bem menos decisivas, à medida que nos preocupamos em focalizá-las e em analisá-las. Foi nesse sentido que elaboramos muitos de nossos próprios textos em Análise do discurso, com vistas a constituir uma crítica de "esquerda" às práticas e discursos do Partido Comunista Francês. Não conseguimos fazer desaparecer o mal-estar que sentimos diante de algo que concebemos como um problema, ao recobri-lo e recalcá-lo.

Desse modo, não se trata certamente de explicar a emergência e as formas da Análise do discurso somente a partir desse conjunto de fatores e razões exteriores ao campo científico. O começo dos anos de 1970 foi também marcado pelo esgotamento do paradigma da Linguística estrutural e pelo ressurgimento, na Linguística francesa, de uma perspectiva sociológica inscrita, desde há muito tempo, em sua tradição. Foi ainda a ocasião, promovida pelo contexto de abertura das disciplinas, na qual se refletiu extensa e intensivamente sobre a relação entre a História e a Linguística. Foi, enfim, o desenvolvimento dos primeiros algoritmos de tratamento de texto que permitiam a elaboração de métodos de análise automática do discurso. Dito isso, é preciso acrescentar ainda que o retorno da tradição sociológica na Linguística promoveu a constituição de uma Sociolinguística de inspiração marxista, engajada, antes de mais nada, em descrever as diferenças discursivas entre diversos grupos políticos e sociais[43]. Além disso, essa aliança interdisciplinar entre História e Linguística também foi gestada para conceber novos métodos de tratamento de polêmicas relativas a interpretações históricas e políticas da Revolução Francesa[44].

Quanto à elaboração de uma análise automática do discurso, ela não pode ser evocada sem que nos lembremos do incontornável papel desempenhado por Michel Pêcheux nesses e em outros debates que ensejam o advento e que acompanharam o desenvolvimento da AD[45] e de sua posição central na emergência e nos desdobramentos desse campo de saber. Em nossos dias, passadas mais de duas décadas desde o início daquela elaboração, constatamos, uma vez mais, que os analistas daquele período produziram uma forma máxima de tensão entre objetivos de seu projeto: a AD pretendia, de fato, cumprir, absolutamente ao mesmo tempo, uma função política e crítica e uma função científica e "positiva"; pretendia sustentar essa conjunção e cimentar a aliança entre uma teoria marxista do discurso e uma leitura engajada dos textos, por um lado, e uma análise automática do discurso, por

---

43. Cf. GARDIN, B.; MARCELLESI, J.B. *Introduction à la sociolinguistique*. Paris: Larousse, 1974.

44. Cf. ROBIN, R. *Histoire et linguistique*. Op. cit., p. 79.

45. Cf. PECHEUX, M. *L'Analyse automatique du discours*. Paris: Dunod, 1969 [trad. bras.: Análise automática do discurso. In: GADET, F.; HAK, T. (orgs.). *Por uma análise automática do discurso: uma introdução à obra de Michel Pêcheux*. 3. ed. Campinas: Unicamp, 1997, p. 61-161]. • *Les Vérités de la Palice*. Paris: Maspero, 1975 [trad. bras.: *Semântica e discurso: uma crítica à afirmação do óbvio*. Campinas: Unicamp, 1988]. • *Langages*, n. 37, 1975 [trad. bras.: A propósito da análise automática do discurso: atualização e perspectivas. In: GADET, F.; HAK, T. (orgs.). *Por uma análise automática do discurso: uma introdução à obra de Michel Pêcheux*. 3. ed. Campinas: Unicamp, 1997, p. 163-252].

outro. A análise era concebida como um dispositivo neutro de reconhecimento das frases, uma espécie de "máquina de leitura", da qual se esperava a produção de uma leitura (informaticamente) "não subjetiva".

Desde sua origem, estava inscrita nessa posição uma instabilidade que iria se agravar. Quando começou a desabar pouco a pouco, minado pelos acontecimentos políticos e pelas transformações ideológicas, o projeto de uma teoria do discurso passou a ser praticamente insustentável para muitos analistas. Esta nossa reflexão busca reconstituir rastros e registros das rupturas, dos silêncios e dos afastamentos que ocorreriam posteriormente, mas cujos gérmens pareciam já bem alojados em desequilíbrios presentes desde o surgimento da AD[46]. Por essa razão, esta nossa genealogia da Análise do discurso impõe a necessidade de compreender esses seus momentos iniciais, sem nostalgia ou complacência, sem maiores incômodos ou arrependimentos. Essa é uma condição fundamental para que possamos simplesmente continuar a avançar: trabalhar, pensar e pensar sobre nosso trabalho e nosso pensamento.

O triunfo da contradição

> *[...] Eu diria que a contradição, tal como a encontramos em O Capital, apresenta esta particularidade surpreendente de ser desigual. A classe capitalista e a classe operária não têm a mesma história, elas não têm o mesmo mundo, não têm os mesmos meios, e ainda assim elas se*

---

46. A propósito das críticas à Análise do discurso e dos avanços que lhe propusemos, além dos capítulos deste livro, ver ainda: Courtine, J.-J. L'analyse du discours politique: le discours communiste adressé aux chrétiens. Revue Langages, vol. 62, Paris, Larousse, 1981 [*Análise do discurso político*: o discurso comunista endereçado aos cristãos. São Carlos, EdUFSCar, 2009]; e COURTINE, J.-J. *Metamorfoses do discurso político*: derivas da fala pública. Organização de Carlos Piovezani e Nilton Milanes. São Carlos, Claraluz, 2006.

confrontam. De fato, há aqui uma contradição fundamental, uma vez que o relato do confronto entre essas classes produz as próprias condições desse confronto. ALTHUSSER, L. *Positions.* Paris: Hachette, 1975, p. 148.

A perspectiva adotada em nossos trabalhos de Análise do discurso tem privilegiadamente duas referências teóricas: a teoria das ideologias de Louis Althusser e uma releitura de *A arqueologia do saber*, de Michel Foucault. A primeira dessas duas fontes foi aclimatada na Análise do discurso a partir de uma articulação entre as ideologias e os discursos empreendida por Michel Pêcheux, na esteira de Althusser. A questão era, então, a seguinte: como as ideologias se realizam nos usos da língua? Ou seja: como elas se materializam no discurso? No bojo dessa questão, esta outra se formulava: como os indivíduos, "interpelados pela ideologia", se filiam aos discursos, acreditam neles e os reproduzem?

O fato de que essas teses althusserianas, que eram, antes, celebradas, estejam hoje quase totalmente apagadas do debate teórico indicam dois tipos de problema: 1) esse apagamento enfatiza a dificuldade dessas teses em relação à realidade política e social que elas gostariam de analisar e de modificar, mas cujas transformações, uma vez que não foram devidamente apreendidas e avaliadas, elas simplesmente preferiram ignorar; 2) esse apagamento nos obriga também a refletir sobre a natureza do debate intelectual na França e sobre a memória dos intelectuais: a 'implosão" das teses althusserianas é também o efeito de uma amnésia coletiva da maior parte daqueles que se referiam a elas e mesmo, por vezes, daqueles que se lhes opunham.

Contornando alguns aspectos dessa articulação entre ideologias e discursos, podemos destacar duas de suas características: primeiramente, a posição central da categoria de *contradição*, ponto essencial para se conceber a noção de ideologia e, portanto, passagem obrigatória para a análise dos discursos. De fato, estes últimos são considerados como a forma material das "formações ideológicas", cuja existência não é possível fora das contradições que as unem e as opõem. Essa concepção de contradição postulava que a única coisa que a burguesia e a classe operária teriam em comum seria o seu confronto. Tudo isso se baseava numa análise das lutas de classes que estava num grande descompasso com as profundas transformações que se processavam nos movimentos políticos, ideológicos e sociais da sociedade francesa dos anos de 1960 e de 1970. No exato momento em que Althusser escrevia, a classe operária à qual ele se referia praticamente já não mais existia. Fato ainda mais grave: as reconfigurações econômicas, a transformação dos comportamentos políticos e a mudança da identidade proletária que estavam então em gestação já haviam, sem que ninguém soubesse ou quisesse ver, tornado a análise obsoleta. Assim também se deu com o amadurecimento das novas formas de comunicação política que pouco a pouco dispensariam o confronto verbal, o choque frontal dos aparelhos e a surdez monológica como as únicas práticas legítimas da luta política.

Em seguida, esta parece ser a segunda característica dessa articulação entre ideologias e discursos: uma série de reduções que resultou em uma *abstração* considerável do que se pode entender por "discurso". Antes de mais nada, subordinação do âmbito histórico ao político: não há uma efetiva reflexão histórica em Althusser, embora uma "ciência da história" surja e ressurja de um modo quase mágico em seu pensamento. Não há uma história que fosse concebida fora da redução do âmbito histórico ao político e fora da submissão do campo político ao plano ideológico. Há ainda uma redução do plano ideológico ao discurso: o discurso é a única materialidade da ideologia, excluindo as outras práticas. Eis aqui, novamente, uma dificuldade considerável: em pleno desenvolvimento do aparelho audiovisual de informação, às vésperas do reino das imagens, é à escola e às suas práticas de leitura que Althusser dá o papel de "aparelho ideológico dominante". Essa é uma obsessão com o texto e, em particular, com o texto escrito, que é considerado como vetor ideológico essencial[47]. Já no texto, enfim, ocorre a redução do universo discursivo a fenômenos sintáticos e lexicais, excluindo toda e qualquer outra forma de funcionamento linguístico. Há um "real da língua" e esse real é a sintaxe[48]. A fundamentação numa tradição quase exclusivamente formalista, considerada como o ponto mais avançado da cientificidade linguística, e a referência à gramática gerativa como algo que poderia conter "elementos materialistas", apesar de suas conhecidas inclinações manifestadamente neurobiologizantes, foram decisivas neste último momento de fracasso dessas análises diante das mudanças históricas e sociais contemporâneas e diante da historicidade das novas práticas que então já estavam se desenvolvendo.

Eis o esquema do trajeto desse fracasso: redução do histórico ao político, do político ao ideológico, do ideológico ao discursivo e, finalmente, do discursivo ao sintático: o preconceito e reducionismo filológico que se espalhou por boa parte da Análise do discurso estava já inscrito na prática de alguns analistas desde sua origem.

---

47. Essa obsessão com o texto escrito e com a escola poderá ser mais bem compreendida se admitirmos que Althusser falava, ao mesmo tempo e talvez sem realmente enxergar algumas de suas especificidades, da escola "capitalista" e do Partido Comunista Francês, em sua famosa obra sobre os "aparelhos ideológicos de Estado". A descrição de um aparelho obcecado pelas práticas de escrita e dedicado apenas à sua reprodução contém uma visão bem mais adequada do PCF do que da escola da república. Esse tipo de confusão estava constantemente ligado à linha política "althusseriana", que nunca soube verdadeiramente se seu confronto prioritário era contra o Estado capitalista ou contra o aparelho comunista.

48. Cf. esp. a introdução da obra *Matérialités discursives*. Op. cit.

A arqueologia e o discurso

Buscamos igualmente numa releitura de *A arqueologia do saber*, de Foucault, encontrar postulados e elementos que nos permitissem pensar a relação entre a dimensão histórica e condição linguística dos enunciados na análise dos discursos. Conforme sabemos, também foi da *Arqueologia* foucaultiana que Pêcheux emprestou a noção de "formação discursiva". Cremos que há ainda um grande potencial contido e até hoje não devidamente explorado na proposta arqueológica[49]. Dessa abordagem arqueológica surgiu uma concepção das formações discursivas como "sistema de dispersão", como "forma de repartição" dos enunciados. Os sistemas do discurso são compostos de uma determinada heterogeneidade, de uma dispersão relativamente ordenada e de uma disseminação organizada. Por essa razão, uma análise arqueológica:

> estudaria formas de repartição. Ou ainda, em lugar de reconstituir *cadeias de inferências*, em lugar de estabelecer *quadros de diferenças*, descreveria *sistemas de dispersão*. No caso em que puder descrever, entre certo número de enunciados, semelhante sistema de dispersão, e no caso em que entre os objetos, os tipos de enunciação, os conceitos, as escolhas temáticas, se puder definir uma regularidade (uma ordem, correlações, posições e funcionamentos, transformações), diremos, por convenção, que se trata de uma *formação discursiva*[50].

A *Arqueologia* permite ainda não somente distinguir o plano histórico de formação do enunciado do plano situacional da enunciação, mas também de articulá-los. De fato, para Foucault, o enunciado existe de um modo distinto do da

---

49. Em que pese o fato de o próprio Foucault se ter distanciado um pouco da *Arqueologia do saber* e da *Ordem do discurso*, a partir de seus trabalhos sobre a genealogia do poder. A propósito desse aspecto, cf. a releitura que fez Gilles Deleuze em *Foucault*. Paris: Minuit, 1986, p. 55-75.

50. FOUCAULT, M. *L'Archéologie du savoir*. Paris: Gallimard, 1969, p. 53.

enunciação. Por isso é que podemos falar do mesmo enunciado onde existem diversas enunciações distintas. Se neutralizamos a singularidade da enunciação, seu tempo e seu espaço e ainda o sujeito que a realiza, então "o que se destaca é uma forma indefinidamente repetível que pode dar lugar às enunciações mais dispersas"[51].

Finalmente, a análise arqueológica introduziu a problemática da *longa duração* histórica na Análise do discurso. Com base nessa introdução, se tornou ainda mais consistente a possibilidade de conceber e de apreender as relações constitutivas entre a constituição histórica e a formulação linguística na ordem do discurso. Assim, a discursividade se abre para dimensões que ultrapassam a problemática da enunciação, cuja tendência era a de limitar o discurso a um "aqui" e "agora" da situação, e atinge o universo da memória e de suas camadas presentes de diversos modos nos enunciados. Com sua ampla extensão, a longa duração histórica e a memória organizam remotamente a ordem do discurso e se atualizam na constituição e na formulação de cada enunciado.

Há várias propriedades que o definem. O enunciado tem um referencial, um sujeito e uma existência material. Além desses elementos, o enunciado se caracteriza pelo fato de ter um "domínio associado". Em particular, nesse domínio se incluem as formulações "às quais o enunciado se refere (implicitamente ou não), seja para repeti-las, seja para modificá-las ou adaptá-las, seja para se opor a elas, seja ainda para falar dessas formulações por sua vez e a seu modo"[52]. Por isso, podemos reportar todos os enunciados a um *domínio de memória*: eles figuram como um elemento numa série, como um nó numa rede, para empregarmos os termos de Foucault. Assim, se tornou possível combinar a análise linguística da enunciação singular, situada e datada, de uma formulação discursiva, com a profundidade histórica de um sistema de formação dos

---

51. Ibid., p. 134.
52. Ibid., p. 130.

enunciados; se tornou possível inscrever o evento enunciativo no fundo da memória discursiva e tentar desvendar a *curta* e a *longa duração* histórica no tempo e no espaço das discursividades.

Por meio de uma observação retrospectiva, cremos que os deslocamentos que nos permitiram essa leitura da *Arqueologia* num determinado momento não foram suficientes para produzir todos os seus efeitos nos trabalhos em que nos empenhamos em formulá-los. Isso não significa que não houve avanços, tais como os alcançados com a elaboração da noção de memória discursiva[53]. Mas, ainda assim, esses deslocamentos foram insuficientes àquela época, em boa medida porque nossa incorporação do pensamento de Foucault foi muito rapidamente criticada e recusada, em benefício da problemática althusseriana da ideologia, de um lado, da concepção linguística da discursividade, de outro.

Assim, a heterogeneidade e a dispersão das "formações discursivas" quase se reduziram às contradições que opunham e relacionavam blocos discursivos antagonistas. As disseminações difusas e as repartições inconsistentes dos enunciados foram atreladas a uma lógica do afrontamento verbal. Onde a *Arqueologia* propunha descrever as contradições como *diferentes espaços de dissensão*, que contêm "diferentes tipos de contradição, diferentes níveis segundo os quais se pode demarcá-la, diferentes funções que ela pode exercer"[54], nos trabalhos que fazíamos em AD, aproximadamente uma década mais tarde, as contradições assumiam as formas antagônicas da polêmica e do diálogo de surdos.

De modo análogo, a concepção foucaultiana da discursividade também foi mais ou menos diretamente traduzida numa problemática linguística, por meio de um conjunto

---

53. COURTINE, J.J. *Analyse du discours politique: le discours communiste adressé aux chrétiens*. Op. cit. [trad. Bras.: *Análise do discurso político: o discurso comunista endereçado aos cristãos*. Op. cit.].

54. FOUCAULT, M. *L'Archéologie du savoir*. Op. cit., p. 199.

de equivalências onde a série arqueológica dos enunciados se confundia com a noção linguística de paráfrase, onde a enunciação tal como era entendida por Foucault era assimilada ao fio do discurso de uma sequência discursiva particular. Todos esses equívocos ocorreram, apesar dos muitos alertas dados pela *Arqueologia*: "[...] o enunciado não é a proposição, nem a frase, nem o ato de fala"[55]. Dito isso, é preciso acrescentar, contudo, que certas formulações do texto de Foucault mantinham com o marxismo (em relação à noção de contradição) e com a Linguística (em relação às noções de enunciado e de enunciação) relações não suficientemente claras para impedir esse tipo de transferência[56]. À sua maneira, ele compartilhava um postulado fundamental com as teorias althusserianas da ideologia e com as concepções estruturalistas que serviam de fundo filosófico para a Linguística daquele período. Esse postulado mais ou menos modificado em suas diversas atualizações selava a aliança entre marxismo e Linguística estruturais e dava fundamento para a proposta de uma Análise do discurso. Entre outros nomes, ele era assim indicado: desaparecimento do homem, assujeitamento do sujeito, morte do autor e descentramento do indivíduo[57].

---

55. Ibid., p. 111.

56. "Se não houvesse enunciados a língua não existiria; mas nenhum enunciado é indispensável à existência da língua. A língua só existe a título de sistema de construção para enunciados possíveis, mas, por outro lado, ela só existe a título de descrição a partir de um conjunto de enunciados reais. Língua e enunciado não estão no mesmo nível de existência; e não podemos dizer que há enunciados como dizemos que há línguas (Ibid., p. 114).

57. Lugar, posição ou forma-sujeito para Michel Pêcheux, o sujeito do discurso era, então, para M. Foucault uma "função vazia" ou, ainda, uma "posição neutra": "Nós não descreveremos o sujeito como o indivíduo que teria efetuado realmente as operações"; "Não se deve conceber o sujeito do enunciado como idêntico ao autor da formulação. Ele não está na relação de causa e efeito, na origem ou no ponto de partida desse fenômeno que é a articulação escrita ou oral de uma frase" (*L'Archéologie*. Op. cit., p. 124-126). O sujeito do enunciado "é uma função vazia que pode ser exercida por indivíduos, até certo ponto, indiferentes, quando chegam a formular o enunciado" (Ibid., p. 123).

Em que pesem todos esses fatores, consideramos que nossas reflexões e análises discursivas fundamentadas naquelas primeiras leituras de Foucault, seguidas por muitas outras, tiveram não só efeitos imediatos, mas também outros de maior duração e de influência mais profunda. A *Arqueologia do saber* participou a seu modo do movimento de constituição da Análise do discurso e contribui decisivamente para lhe dar forma e consistência. Em nossos dias, talvez pudéssemos conceber a AD como a denegação teórica de uma transformação das mentalidades que então estavam em movimento, quando de sua emergência e de seus primeiros desenvolvimentos. Essa transformação iria se acelerar e modificar consideravelmente as práticas e os discursos políticos: assistiríamos, desde então, à afirmação progressiva de um *individualismo democrático*. Mas, o itinerário posterior de Foucault, desde os objetos que ele de certo modo criou para si mesmo, passando por seu modo de trabalhar com esses objetos, até a evolução final de seus pensamentos, teve um papel decisivo nos deslocamentos sucessivos que conduziram nossos trabalhos de uma análise dos discursos políticos a uma história dos rostos. Suas obras estabeleceram o caminho que nos leva do exame dos sujeitos e de seus discursos até o reconhecimento da existência histórica dos indivíduos e de seus corpos.

"Uma posição neutra, indiferente ao tempo, ao espaço e às circunstâncias, e idêntica nos diversos sistemas linguísticos" (Ibid., p. 124).

Desconstrução de uma língua de madeira

> *Poderíamos reconhecer Stalin na sobriedade de suas palavras. É engraçado como aquele homem tão jovem detestava as frases.*
> BARBUSSE, H. *Staline*. Paris: Flammarion, 1935, p. 8.

Os postulados e noções que acabam de ser expostos deram fundamento para a elaboração de procedimentos de análise de um *corpus* de discurso político: o discurso comunista endereçado aos cristãos, mais particularmente, os enunciados da ação política chamada de "mão estendida", que se estendeu de 1936 a 1976 e por meio da qual os comunistas tentavam se aproximar dos cristãos e obter seu apoio político. Esse foi o objeto de nossa tese de doutoramento, publicada integralmente na edição de n. 62 da revista *Langages*, em 1981. A partir desse trabalho, cremos ter alcançado desenvolvimentos inéditos no campo da Análise do discurso: prolongamentos, aprofundamentos e novos tipos de "formalização" e de cálculo informático. Mas, sua execução abriu igualmente espaço para críticas e questionamentos.

Em *Análise do discurso político: o discurso comunista endereçado aos cristãos*, julgamos ter alcançado uma série de resultados originais que dizem respeito:

• Às operações de agrupamentos e de constituição de *corpora* discursivos, redefinindo a noção de "condições de produção do discurso", a partir das linhas teóricas da *Arqueologia*, de Foucault, tal como as expusemos acima.

• A uma concepção de enunciado e, especialmente, à noção de *enunciado dividido*, que marca o encontro entre o interdiscurso e o intradiscurso em pontos nos quais a contradição aflora à superfície dos discursos, em lugares da formulação nos quais o antagonismo das formações discursivas se atualiza.

• A uma análise dos efeitos discursivos ligados ao funcionamento de estruturas sintáticas específicas e de frases clivadas no interior do *corpus*. A identificação desses efeitos (contrastivos, constativos e definicionais) nos permitiu esboçar uma descrição "formal" dos dados, segundo as gramáticas delineadas por Jean-Paul Benzécri.

• A novos desenvolvimentos informáticos posteriores à introdução na Análise do discurso do sistema de programação *Deredec*[58].

• A uma análise do funcionamento do discurso comunista como "memória discursiva".

Trataremos destes dois últimos pontos neste capítulo. Primeiramente, desenvolveremos uma reflexão sobre as relações entre memória e discurso e, em seguida, abordaremos as análises automáticas lexicais ou sintáticas. No que diz respeito a essas análises automáticas, tentaremos mostrar não somente os avanços que ela possibilita aos exercícios de análise do discurso que se valem de seus recursos, mas também quais são seus limites.

Discurso e memória

Frequentemente, comparo os trabalhadores socialistas aos construtores de catedrais, que, animados pela fé ardente que move montanhas, conquistam grandes realizações. Esses abnegados construtores da nova sociedade socialista são os heróis do trabalho que fazem surgir sobre o solo livre e sagrado da União Soviética as usinas gigantes, as cidades imensas e tam-

---

58. Fizemos a primeira utilização desse sistema informático na França, cujos resultados foram publicados em vários periódicos especializados.

bém os grandiosos monumentos pelos quais se afirma hoje o ímpeto entusiasta do comunismo. THOREZ, M. *Discours à la Mutualité,* 26/10/1937.

Amai vossos patrões, amai-vos uns aos outros. Nos momentos em que o peso de seus ásperos labores pesará mais densamente sobre vossos braços fatigados, fortificai vossa coragem, olhando para o céu. LEÃO XIII. *Discurso aos operários franceses,* 08/10/1898.

Lyon, 10 de junho de 1976... A sala do Palácio dos Esportes está repleta. Os esforços de difusão de informação e de mobilização empreendidos pelo Partido Comunista Francês por meio da retomada da "política da mão estendida" produziam seus efeitos: doze mil pessoas esperam a entrada em cena de Georges Marchais. Uma longa ovação. O secretário-geral do Partido saúda a plateia. Os aplausos vão diminuindo aos poucos e se tornando murmúrios. O acontecimento discursivo daquela noite já podia começar.

"Senhoras, senhoritas, senhores, prezados camaradas! Nunca, sem dúvida, nosso país..." *"Credo in unum Deum..."* Estupor na assistência. Um canto religioso havia se levantado do fundo da sala. A multidão hesita, alguns aplaudem, acreditando que se tratava de uma manifestação de simpatia. A hesitação é curta e as aclamações se transformam em vaias: cerca de cinquenta cristãos fundamentalistas sob a liderança de um padre de batina cantam em pé. Antes de serem expulsos desdobram uma faixa: "O comunismo é intrinsecamente perverso". O protesto daqueles cristãos ocorria no exato momento em que da boca de Georges Marchais iria ressoar novamente a formulação que Maurice Thorez havia feito em maio de 1936:

> Nós lhe estendemos a mão, católico, operário, empregado, camponês, pois você é nosso irmão e é, como nós, oprimido pelas mesmas preocupações.

No enunciado daquela faixa ressurgia uma condenação dos comunistas feita por Pio XI. A memória irrompe no acontecimento. O discurso político é um "lugar de memória". O discurso comunista parece sê-lo ainda mais do que qualquer outro. Nele devem ser recolhidas, transcritas e organizadas as marcas da identidade do Partido. Seu discurso é o fiador e a garantia de sua continuidade. Ele deve conservar literalmente as formulações de suas tomadas de posição, a lembrança de suas estratégias, a recordação de suas vitórias e ainda retrabalhar, sob a forma de eufemismos, implícitos e subentendidos, a memória de seus fracassos. Isso supõe, evidentemente, um sistema de conservação do arquivo e uma rede de difusão que permite fazer ressurgir os enunciados, tornando-os novamente disponíveis nas circunstâncias em que eles são reclamados pelas necessidades da luta. Existem também enunciados que permanecem adormecidos, dos quais se pode até perder a lembrança e que, no entanto, não se dissipam e sabem reaparecer quando necessário. Em contrapartida, há outros que são repetidos sem interrupção, mas que, de repente, desaparecem, praticamente sem deixar traços. Os frequentemente repetidos e os abruptamente suspensos não raras vezes são os mesmos.

Essa memória pletórica e lacunar é uma característica essencial do comunismo francês e, provavelmente, das organizações concebidas sobre um modelo parecido. Sua memória é uma condição de existência do Partido: ele deve ser capaz de se inscrever numa genealogia e de recordar uma filiação que lhe confere legitimidade. Na continuação da grande tradição racionalista nacional, o Partido é um descendente da Revolução Francesa, o herdeiro do socialismo do século XIX e o único filho legítimo da Revolução de Outubro. Em política, a memória é um poder: ela funda uma possibilidade de se exprimir, ela abre um direito à palavra e ela tem até mesmo um valor performativo de proposição eficaz. Isso é tão verdadeiro que existe no aparelho comunista uma ampla hierarquização da memória, que cresce em consonância com o nível de "responsabilidade" de seus partidários: a memória da organização engendra a própria necessidade de que funcionários trabalhem para sua conservação e que garantam seu futuro pela evocação de seu passado. O "Como nós já dissemos" é uma figura das mais importantes da retórica comunista, que assim dá o lastro da tradição a seus enunciados, que os inscreve numa série de sentido e de razão e que ancora a volatilidade das palavras no peso plúmbeo das lembranças. A enunciação comunista é nutrida pelo passado que a sustenta e sobrecarregada pelo coletivo que a emprega.

Tudo isso porque, além de ser a memória de uma organização, o discurso ainda se pretende guardião da reminiscência de toda classe operária. Ele é seu patrimônio verbal, "a herança das lutas" conduzidas em seu nome e o compêndio que abriga o conhecimento dos combates travados e das experiências adquiridas. O discurso extrai sua legitimidade do fato de falar *em nome de*: da história, dos mortos. Nesse ponto, é preciso sublinhar a importância histórica, tanto política quanto cultural, de que se revestiu a memória comunista. Ela foi um fator essencial tanto da identidade coletiva quanto da individual. Ela reuniu um grupo social em torno de valores comuns, constituiu forças políticas e influências culturais consideráveis, que ultrapassaram seu lugar de origem, selou as identificações a uma coletividade e promoveu os sentimentos de pertencimento. Mas, além disso, essa memória também traçou demarcações e suscitou violentos antagonismos. A partir da Segunda Guerra, a memória comunista na França compartilhou com a memória gaullista, de maneira quase hegemônica e até um período muito recente, o terreno da memória política nacional francesa. Essa partilha da memória perduraria até que o declínio inevitável do "Partido da classe trabalhadora" viesse manifestar o sinal de sua exaustão.

Há formas discursivas da memória comunista. Quais seriam elas? Como elas são formadas? Na organização dessas formas já residiria alguma coisa que pudesse explicar seu declínio, principalmente, a partir da década de 1980? Cremos que são essas e outras análogas às questões que os analistas do discurso deveriam formular e para as quais deveriam buscar respostas, se a AD não ignorar os campos abertos pelo trabalho dos historiadores sobre os problemas e funcionamentos sociais da memória.

As formas discursivas da memória política se inscrevem nas modalidades de existência do enunciado. Certos discursos devem ser lembrados e *repetidos*. Essa condição circunscreve consideravelmente suas formas. Nesse sentido e guardadas algumas particularidades, o discurso político pode ser aproximado de certos textos religiosos, jurídicos e científicos, porque, como eles, tem em sua base "os discursos que estão na origem de certo número de atos novos de fala, que os retomam, os transformam ou falam deles, ou seja, os discursos que, indefinidamente, para além de sua formulação, são ditos, permanecem ditos e estão ainda por dizer"[59]. No que respeita particularmente ao discurso comunista, esse funcionamento compreende questões muito concretas: do que nos lembramos e como nos lembramos do que convém dizer e do que calar na escrita de um folheto ou de uma moção e no pronunciamento público que expõe uma posição do Partido? Ou seja: como o trabalho de uma memória coletiva permite o retorno, a repetição, a refutação, mas também o esquecimento desses elementos de saber que são os enunciados? Sobre qual forma material essa "memória discursiva" adquire existência?

Repetir, citar e recitar

Na esteira dessas questões, surgem ainda estas outras: como se delineia um espaço de repetição no interior desse domínio ao qual a Análise do discurso chama de "interdiscurso": Noutros termos: como as séries de enunciados são estabelecidas em conjuntos estratificados ou desnivelados de

---

59. FOUCAULT, M. *L'ordre du discours*. Op. cit., p. 24 [trad. bras.: *A ordem do discurso*. São Paulo: Loyola, 1996, p. 22].

discurso? Quais são as modalidades linguísticas desse espaço desigual de repetição?

A elaboração das respostas que podem ser dadas a essas questões impõe a consideração e o exame de todas as formas de discurso reportado, por meio das quais se materializam as remissões de discurso a discurso. Esse fenômeno ultrapassa os limites das relações duais (texto citante/texto citado) e das formas sintáticas explícitas e canônicas (X diz: (citação) ou X diz que... etc.), às quais frequentemente se atêm os estudos do discurso reportado. É preciso que a análise desse "fio vertical" do discurso não descure da efetiva multiplicidade de enunciados desnivelados e da real pluralidade de funcionamentos sintáticos.

A citação e o texto primeiro

No domínio de memória do discurso comunista endereçado aos cristãos se encontra o que poderia ser chamado de "formulações-origem", tais como as seguintes: "A religião é o ópio do povo" e "A crítica da religião é a condição preliminar para qualquer crítica". Entre tais formulações, presentes nos clássicos do marxismo, e os discursos que as reportam, descobrimos toda uma espessura histórica de citações e de remissões, sob a imediatez de um retorno e sob a anulação da distância interdiscursiva que constitui os efeitos imaginários típicos do discurso direto. Essas citações e remissões se articulam com os desníveis entre os "textos primeiros" e os "textos segundos", tal como Foucault os concebe no funcionamento dos "comentários": por um lado, esses desníveis permitem construir novos discursos, pelo fato "de o texto primeiro pairar acima, sua permanência, seu estatuto de discurso sempre reatualizável, o sentido múltiplo ou oculto de que passa por ser detentor, a reticência e a riqueza essenciais que lhe atribuímos, tudo isso funda uma possibilidade aberta de falar. Mas, por outro lado, o comentário não tem outro papel, sejam quais forem as técnicas empregadas, senão o de dizer *enfim* o que estava articulado silenciosamente no *texto primeiro*"[60]. Por essa razão, há desníveis e distintos valores entre o texto citado e o texto citante. Assim, as formulações-origem transitam em complexos trajetos no interior da espessura estratificada das formações discursivas. Ao longo de seu percurso, elas são repetidas, mas também se transformam, por vezes, se enfraquecem e chegam a desaparecer, mas para ressurgir novamente mais adiante, e, por vezes, se esvaecem e podem até se apagar completamente.

É nesse sentido que a formulação "A religião é o ópio do povo" vai progressivamente sendo substituída no discurso comunista francês do século XX por esta outra: "A religião é o suspiro da criatura oprimida". As duas formulações estão ligadas no texto primeiro. A primeira se impõe no pré-guerra, em detrimento da segunda, principalmente a partir dos anos de 1920, período em que a ação estratégica comunista é a da "classe contra classe". A segunda é reintroduzida, quando do se constitui um discurso de aliança no início dos anos de 1930, que fundamenta a estratégia adotada pela Frente Popular, aquela coalizão de partidos de esquerda que governou a França entre maio de 1936 e abril de 1938. Essa segunda formulação vai pouco a pouco suplantar a primeira nos discursos comunistas no pós-guerra, em favor da política de união nacional, que decorre das ações comuns da resistência contra o invasor alemão. Mais tarde, depois de algumas vicissitudes derivadas dos sectarismos que marcaram a Guerra Fria, a religião como "suspiro da criatura oprimida" prevalece definitivamente sobre "o ópio do povo" nos discursos do fim dos anos de 1960, enquanto se elabora um novo discurso de aliança que, mais tarde, conduzirá à União da Esquerda. "O ópio do povo" não será mais evocado, a não ser em condições muito precisas, com grandes precauções verbais e com cuidadosos distanciamentos enunciativos. Mas, na maioria das vezes, essa formulação será simplesmente silenciada. Nesse balanço que alternadamente promove a enunciação de uma

---

60. Ibid., p. 27.

ou de outra, a história do "suspiro da criatura oprimida" e do "o ópio do povo" é, em última análise, a memória de tendências unitária e sectária inscritas desde a origem na política do Partido Comunista Francês.

Na ordem e nos regimes das citações, cada discurso instaura um lugar mais ou menos circunscrito com base em seu domínio de memória. Uma ilustração da instauração desse lugar é esta passagem de um pronunciamento de Waldeck Rochet, então secretário-geral do PCF, em Argenteuil, no ano de 1966:

> Lembro-me de que o próprio Maurice Thorez comentou em outubro de 1937 seu apelo feito na rádio em 1936. Eu o cito: "Recordemo-nos antes de tudo da declaração que fizemos neste microfone no ano passado: "Nós lhe estendemos..."

Mas, os discursos desempenham igualmente funções seletivas e opacas de rupturas, de truncamentos e de rasuras. A ordem do discurso é um lugar de memória. Ela carrega consigo os traços das flutuações e dos riscos de uma estratégia, que estão inscritos em suas próprias formas. Ela está repleta das marcas sedimentadas da história, de suas continuidades e de suas rupturas. Fazer Análise do discurso é aprender a deslinearizar o texto para restituir sob a superfície lisa das palavras a profundidade emaranhada dos indícios de um passado.

A recitação e o comentário

Muitas das formulações do discurso comunista são objeto de uma retomada *palavra por palavra*, de discurso em discurso. Essas retomadas de já-ditos apagam, com a supressão das marcas sintáticas do discurso reportado, os traços de todo desnivelamento interdiscursivo. Desse modo, os enunciados são produzidos e reproduzidos em formulações como as seguintes: "...Existe uma oposição entre a filosofia materialista e o princípio de toda religião...";

"...muitos cristãos desejam as mudanças reais e não temem afirmar esse seu desejo..."; "...cabe aos próprios cristãos decidir como eles desejam ser cristãos..." Essas são algumas das formulações obrigatórias e das passagens imprescindíveis do discurso "da mão estendida" desde os anos de 1970. O que na ordem literária se caracterizaria como plágio é aqui uma prática perfeitamente legítima. A pretensão de distinguir o que é de primeira do que é segunda mão perde todo sentido. Isso porque a posição do sujeito que enuncia não é a mesma: longe de ser a fonte do sentido, a origem da formulação, e de reivindicar a propriedade do que enuncia, ele é somente um porta-voz.

Conseguimos mais bem compreender por que o discurso político pôde servir de exemplo privilegiado a um conjunto de análises da discursividade que a consideraram como um "processo sem sujeito". Essas análises buscavam nos textos a confirmação empírica de construções teóricas, que, à sua revelia, eram já concebidas a partir do exame dessa espécie de padrão daqueles textos. Frequentemente, elas encontravam fenômenos e funcionamentos que supostamente sancionam as teorias arqueológicas ou ideológicas do discurso, mas que, de fato, existiam antes e aquém dessas teorias. Assim, aquilo com que se ambicionava constituir o modelo de todo discurso, uma teoria geral da discursividade, correspondia na verdade a um tipo determinado de texto e a suas particularidades linguísticas e históricas.

Esse discurso que funcionou como modelo de discursividade para a AD foi o discurso *doutrinal*: com seus efeitos de autoridade e com a submissão daqueles que o enunciam à voz sem nome de um mestre, neutro, universal e anônimo; com o apagamento do sujeito, que decorre desses efeitos de autoridade e submissão e que compreende uma modalidade particular de divisão subjetiva: o discurso que nutre e sustenta o sujeito falante é, ao mesmo tempo, o que o desapropria; com a hierarquização e a monopolização da palavra legítima por uma casta de clérigos; com um modo de transmissão que se baseia na repetição da palavra, que privilegia a memorização pela recitação e que restringe as lacunas possíveis, reduzindo-as ao comentário[61]. Trata-se de discursos da Igreja, da Escola e do Partido. A análise sugere aqui uma genealogia do discurso comunista, que se inscreve na longa história dos aparelhos, dos ensinamentos e dos discursos doutrinais.

Quando examinada no interior de suas discursividades, que, ao mesmo tempo, a organizam e a refletem, a memória comunista se inscreve numa política escolar do texto na ponta da língua, do respeito à disciplina devidamente conhecida e dos comportamentos e palavras repetidos. Essa memória tende a afastar os perigos do discurso pela reiteração do idêntico, pelo eterno retorno do mesmo.

A formação do pré-construído e do enunciado

A memória privilegia assim as formas discursivas da repetição (citação, recitação e comentário) e os mecanismos linguísticos da vinculação, do encadeamento e do encaixamento. Esses elementos aparecem quando se estuda a formação dos elementos *pré-construídos* do discurso no desnivelamento interdiscursivo. Os pré-construídos são esses materiais discursivos que fornecem a base lexical e sintática de constituição dos enunciados nas séries de formulações. Como no exemplo seguinte, no qual o encaixamento de uma formulação anterior nominalizada numa formulação ulterior, produz um efeito de cadeia na série[62] e permite a articulação, uns aos outros, de discursos diacronicamente dispersos:

---

61. "A repetição indefinida dos comentários é trabalhada do interior pelo sonho de uma repetição disfarçada: em seu horizonte não há talvez nada além daquilo que já havia em seu ponto de partida, a simples recitação" (Ibid., p. 31).

62. Sobre esse ponto, cf. SÉRIOT. Op. cit.

Os comunistas são materialistas em termos
filosóficos

↓

[*O materialismo dos comunistas*] está longe da fé religiosa dos católicos

↓

Existe [*uma oposição entre o materialismo filosófico
dos comunistas e o princípio de toda religião*]

↓

Bem, nós podemos trabalhar todos juntos apesar de
[*nossas divergências filosóficas*].

Nesse tipo de discurso, estudar as formas discursivas da
memória nos conduz a privilegiar o exame de certos funcionamentos sintáticos, para que possamos apreender a formação dos enunciados na articulação dos pré-construídos. Aliás,
esses funcionamentos sintáticos não se limitam às nominalizações, porque incluem ainda os dois tipos de relativas, as
diversas modalidades da paráfrase, entre outros.

A comemoração: um tempo que não passa

O discurso comunista funciona, portanto, como memória, por meio de suas diferentes formas de repetição, de citação e de paráfrase. Mas, além disso, esse discurso se apresen-
ta como memória, na medida em que exprime uma relação
com o tempo, que se constitui como um dos aspectos importantes de sua discursividade. Isso pode ser apreendido, por
exemplo, nos *rituais verbais* da *comemoração*: eles produzem
um recorte do tempo, ligando o presente da enunciação ao
passado discursivo, numa anulação imaginária do processo
histórico de formação dos discursos, com sua duração, suas
heterogeneidades e suas contradições.

Assim, se encontram no discurso comunista endereçado
aos cristãos formulações comemorativas que reintroduzem,
sob a forma de discurso reportado, as palavras de Maurice
Thorez, e reatualizam a origem da política "da mão estendida":

76

Recordemo-nos de nossa declaração feita neste microfone no ano passado: "Nós lhe estendemos a mão, católico, operário, empregado, camponês, pois você é nosso irmão..." (Maurice Thorez, 26/10/1937).

Eu me lembro que, desde 1936, há trinta anos, Maurice Thorez definia assim a política da mão estendida aos trabalhadores católicos: "Nós lhe estendemos a mão, católico, operário, empregado, camponês, pois você é nosso irmão..." (Waldeck Rochet, 11/03/1966).

Já há cerca de quarenta anos, Maurice Thorez declarava: "Nós lhe estendemos a mão, católico, operário, empregado, camponês, pois você é nosso irmão..." (Georges Marchais em seu livro *Le Défi Démocratique*, set./1973).

Essa relação com o tempo encontra seu recorte no calendário. Sua escansão é aquela do aniversário, do ritual de celebração de um momento original, num discurso cujos dias são contados. Assim, no jornal *L'Humanité* de 10 de junho de 1977 lemos o seguinte:

Durante o ano inteiro, dia após dia, depois do chamado feito em Lyon, Georges Marchais se dirigiu aos cristãos [...].

Observamos igualmente o que poderíamos chamar de *rituais discursivos da continuidade* na repetição de formulações que inscrevem cada discurso na continuidade linear de uma sucessão temporal passado-presente-futuro. A construção linguística desses rituais se dá por meio de uma sintagmatização da duração produzida com a sucessão de marcas temporais nas retomadas de um mesmo verbo, com a utilização de advérbios de tempo que indicam a repetição (novamente, ainda, uma vez mais...) e/ou com o estabelecimento de uma equivalência de modificadores de tempo que se referem a tempos distintos da enunciação:

Mas, *como sempre*, a ideia lançada pelos comunistas seguiu seu caminho. *Ela se impôs. Ela se impõe e ela se imporá* cada vez mais [...]. Por nossa iniciativa, a Frente única e, em seguida, a Frente popular *triunfaram*. A união entre os comunistas e os cristãos *conhecerá* o mesmo triunfo [...]. *Uma vez mais*, nós tínhamos razão [...]. Nossa paciência e nossa persuasão irão *ainda e sempre* superar as resistências (Maurice Thorez, 26/10/1937).

Nosso Partido comunista, *amanhã como ontem*, na intenção de [...] (Waldeck Rochet, 13/12/1944).

E amanhã? *Amanhã como hoje*, nós nos esforçaremos [...] (Georges Marchais, 19/11/1970).

O porvir *será* o que nós *faremos* juntos *hoje* [...] (Georges Marchais, 10/06/1976).

Num trabalho de Jean-Marie Goulemot[63] encontramos observações que nos permitem reorganizar essas e outras passagens do discurso comunista e que concorrem para uma sua melhor compreensão: a tradição nacional de comemoração de datas importantes na vida dos homens ilustres, de seus aniversários, de suas mortes ou de suas obras atravessa o discurso comunista sobre o Iluminismo e sobre a literatura. A exumação acumulativa do passado cultural da nação assume a forma de um culto feito aos mortos ilustres. Esse aspecto do discurso comunista o torna um verdadeiro "ossuário" discursivo, no qual a comemoração "faz com que se possa e se deva falar dos mortos e com os mortos, empregando a linguagem dos vivos"[64].

---

63. GOULEMOT, J. *Candide militant...* Paris: Payot, 1980.

64. Ibid., p. 207. Concentrando-se na comemoração dos nomes próprios, o autor destaca um conjunto de formulações, nas quais X e Y representam os nomes próprios de escritores e de filósofos dos séculos XVIII e XIX. Em títulos

Esse tempo fictício, que provém da liturgia do aniversário e que produz uma condensação do passado na contemporaneidade, se inscreve numa concepção bem particular da história.

A história inscrita em filigrana no discurso comunista sobre as grandes obras do passado constrói paradoxalmente *uma história do tempo que não passa*. O passado contém o presente e tudo já está escrito, numa filiação que vai do passado mais longínquo ao presente mais imediato. O tempo tem tão pouca consistência que se pode ler em *Les Lettres françaises* que Maximilien Robespierre se posicionou contra a *Internationale des Traîtres*; ou seja, contra as vítimas dos expurgos tchecos ou húngaros, tal como afirmou André Wurmser num artigo de 21/02/1952. Do mesmo modo, Elsa Triolet sustentou que Mayakovsky, "vinte anos após sua morte, participou da batalha do livro", num texto de 19/04/1949[65].

A memória discursiva produz aqui a ficção de um tempo imóvel. Ela funciona como *cristalização do tempo histórico*, na qual se forma a discursividade. História imóvel, história eterna: o universo religioso mais uma vez incorpora o campo político. Assim, o discurso comunista se situa fora do tempo.

Apagamentos da memória: uma política do esquecimento

Milan Kundera abre seu *Livro do riso e do esquecimento* com a seguinte anedota. Fevereiro de 1948. O dirigente comunista Klement Gottwald, da sacada de um palácio barroco

---

de artigos de jornais e revistas como *La Pensée, Lettres françaises* ou *Nouvelle Critique*, entre 1945 e 1953, esses nomes próprios produzem efeitos similares a esses que indicamos acima: "A atualidade de X"; "Y ainda vive"; "X, o grande precursor, ainda está em nós"; "Y, uma mulher de nosso tempo"; "A presença de X" e "Y, hoje".

65. GOULEMOT, J. *Candide militant...*, p. 213-214.

de Praga, discursa à multidão aglomerada na praça da velha cidade:

> Gottwald estava rodeado por seus camaradas, e ao lado dele, muito perto, encontrava-se Clementis. Nevava, fazia muito frio e Gottwald estava com a cabeça descoberta. Clementis, muito solícito, tirou seu chapéu de pele e o colocou na cabeça de Gottwald. A seção de propaganda reproduziu centenas de milhares de cópias daquela fotografia de Gottwald, vestido com um chapéu de pele e cercado por seus camaradas, falando ao povo do alto da sacada do palácio. [...] Todas as crianças conheciam aquela fotografia, porque já a tinham visto em cartazes, nos manuais ou nos museus. Quatro anos mais tarde, Clementis foi acusado de traição e enforcado. A seção de propaganda o fez imediatamente desaparecer da história e, claro, de todas as fotografias. Desde então, Gottwald se encontra sozinho na sacada. Lá onde estava Clementis não há mais nada além da parede vazia do palácio. De Clementis restou apenas o chapéu de pele na cabeça de Gottwald.

A partir dessa anedota, podemos estender as observações que fizemos sobre o estatuto da memória no discurso comunista. Uma de suas características essenciais é a reescrita da história e sua relação com as linguagens totalitárias. O aniquilamento de Clementis, esse apagamento na memória histórica que deixa, contudo, o traço de seu desaparecimento, como se fosse uma discreta lacuna, tem muitos equivalentes discursivos no discurso comunista. Aqui se revela outro aspecto da relação entre memória e discurso.

Eis um exemplo, entre outros possíveis. O discurso comunista endereçado aos cristãos repete desde o início da ação política da "mão estendida" este enunciado e suas reformulações parafrásticas: "Nós não pedimos aos católicos para parar de acreditar em Deus. Nós mesmos não renunciamos às nossas concepções materialistas". Em fevereiro de 1970, durante a realização do XIX Congresso do PCF, ocasião na qual se deu a exclusão de Roger Garaudy, como uma das consequências da invasão da Tchecoslováquia, a reprodução dessa posição dos comunistas carreou um deslocamento ligado à emergência de uma nova formulação:

> Assim, em conformidade com a nossa política da mão estendida aos cristãos, *nós não pretendemos decidir no lugar dos cristãos como eles devem ser cristãos*, nós não pretendemos decidir em seu lugar no domínio teológico e muito menos no da liturgia. *Ao contrário de Roger Garaudy*, nós não escolhemos uma parte dos cristãos e desprezamos os outros.

Desde então, se vai instaurar no discurso uma nova forma de repetição: "cabe aos próprios cristãos decidir como eles devem ser cristãos". Depois de certo tempo, essa repetição já não terá qualquer referência a Garaudy. De sua expulsão do Partido, essa formulação será o único traço no discurso comunista. Esse será o único indício de uma descontinuidade em que se combinam as formas da lacuna e dos detritos, que impedem que essa lacuna seja puro vazio. A repetição indesejada das migalhas de um passado está associada à lacuna, que é uma causa ausente: a eliminação do nome próprio "Roger Garaudy" do PCF.

A análise do discurso comunista nos incita a considerar dois tipos de funcionamento dessa "formação discursiva" como memória: o discurso é reiteração, lembrança, retorno e repetição na ordem de uma memória plena ou saturada; mas é também inconsistência, apagamento, vazio e repetição na ordem de uma memória lacunar: *uma política do esquecimento*. Foi nessa direção que propusemos, juntamente com Jean-Marie Marandin, a distinção entre uma *repetição horizontal*, que consiste na repetição de elementos na extensão da formulação do discurso, de "elementos que encontramos quando consideramos um fragmento de sequência discursiva, que é determinada por um enunciado e que se materializa nessa sequência", por um lado; e uma *repetição*

81

vertical, "que não é a da série das formulações que constitui um enunciado, mas essa a partir da qual se repete algo não sabido, um não reconhecido deslocado, que se desloca no enunciado"[66], por outro. Os processos da memória saturada e da memória lacunar não estão necessariamente separados. Eles podem estar associados no eterno retorno de enunciados idênticos. Por essa razão, é preciso sempre estar atento ao incessante bloqueio dos "vazios da memória", aos retornos que se produzem no próprio lugar de uma causa que se oculta ou que se ignora. Esse aspecto nos faz lembrar do mecanismo psíquico do recalcamento: o recalcamento é uma ausência que deixa marcas. Em ambos os casos, o que foi recalcado e o que foi apagado da memória podem ressurgir inesperadamente. O chapéu de pele foi da cabeça de Clementis para a de Gottwald. Mas, desde então, a história parece querer nos fazer lembrar que é somente Stalin quem usa aquele chapéu[67].

---

66. COURTINE, J.-J.; MARANDIN, J.-M. Quel objet pour l'analyse du discours? *Matérialités discursives*. Lille: Presses Universitaires de Lille, 1981, p. 21-33 [trad. bras.: *Materialidades discursivas*. Campinas: Unicamp, 2016).

67. Esse aspecto da propaganda totalitária, que é o apagamento ou a manipulação da memória histórica, a liquidação dos povos por amnésia organizada, foi um dos caminhos que nos conduziram a examinar a relação entre a língua e o totalitarismo, tal como ela foi concebida pela obra de George Orwell. Ele foi um dos primeiros analistas das "línguas de madeira" e suas análises ecoavam sobre algumas de nossas próprias preocupações: compreender os aspectos que religavam o discurso comunista francês à "língua de Estado" soviética. Mais tarde, descobrimos igualmente uma genealogia até então insuspeita dessa utopia negativa da língua que Orwell havia forjado em *1984*: uma crítica tanto dos discursos stalinistas quanto das concepções positivistas do uso referencial e transparente da língua no utilitarismo inglês do século XVIII. Ao inventar a novilíngua (*Newspeak*), Orwell pensava certamente em Stalin, mas, provavelmente, também em Jeremy Bentham. A propósito dessas discussões, cf. COURTINE, J.-J. La meilleure des langues: le novlangue d'Orwell. In: CLIMS-DENOËL, J. *La linguistique fantastique*. Éd. Joseph Clims-Denoël, 1985, p. 205-210.

As palavras do partido

O trabalho produzido em Análise do discurso conheceu outros desenvolvimentos, ligados ao projeto de uma análise "automática" do discurso que Michel Pêcheux começou a empreender desde 1969. Essa perspectiva, articulada à precedente, constitui uma espécie de prolongamento metodológico. Tratava-se de submeter a materialidade linguística dos discursos políticos a um tratamento informático, com um triplo objetivo:

1) Não separar as palavras e as formas: analisar os discursos é manipular um conjunto de estruturas linguísticas; isto é, uma série de formas de organização léxico-semânticas e sintáticas sem dissociá-las da organização lexical e da estrutura sintática das sequências discursivas[68];

2) Não separar os funcionamentos linguísticos das determinações históricas dos discursos;

3) Implementar um procedimento automático de análise do discurso que garantisse o controle das manipulações efetuadas sobre o material discursivo, a exaustividade da descrição e a reprodutibilidade da análise. Isso poderia ser feito com as possibilidades oferecidas, desde o início dos anos de 1980, pela existência de uma nova geração

---

68. Essa era já uma de nossas preocupações (cf. COURTINE, 1981. Op. cit., p. 78-87). Essa preocupação nos havia levado a imaginar um modelo original de definição das entradas no tratamento de um *corpus* em AD: não se deveria privilegiar palavras-pivô escolhidas *a priori* (o que significava isolar a dimensão lexical do discurso de seu contexto sintático de formulação) nem exclusivamente registros enunciativos ou sintáticos (que dissociavam certos funcionamentos enunciativos e gramaticais do conteúdo lexical das formulações), mas fazer de algumas estruturas sintáticas em que se produzem as tematizações (os diferentes tipos de frases clivadas) a base para a seleção de unidades lexicais, consideradas, portanto, como *temas de discurso*. Assim, propúnhamos nos distanciar dos procedimentos lexicométricos e das pesquisas frequenciais de co-ocorrências. Um discurso jamais é uma simples concatenação de palavras. Tratava-se ainda de evitar a neutralização das operações sintáticas, tal como procedem as análises distribucionais do discurso, e de sublinhar a necessidade da consideração conjunta de palavras e formas sintáticas.

de programas informáticos, que permitiam a descrição linguística de vastos *corpora* de dados discursivos: eis o sentido de recorrer ao programa *Deredec*[69].

Com efeito, esse programa informático era um sistema de programação consagrado ao tratamento linguístico de textos. Sua concepção geral o tornava um instrumento particularmente adequado aos objetivos que eram então visados. Ele incluía um analisador sintático capaz de descrever automaticamente a estrutura gramatical de cada uma das frases de um discurso. O *Deredec* possibilitou ainda a escrita de uma gramática de reconhecimento do francês, porque indexava automaticamente em representação arbórea as descrições sintáticas das sequências de entrada de um *corpus* discursivo. A gramática de superfície elaborada era uma gramática recursiva a redes de transição, ascendente e sensível ao contexto. Essa gramática constrói sobre cada uma das frases de uma sequência discursiva as estruturas sintáticas em diagrama arbóreo, incluindo as relações de dependência contextuais entre alguns elementos das estruturas, tais como as relações tema/rema e *determinante/determinado* no interior do grupo nominal.

Com esses procedimentos metodológicos, exploramos a organização lexical do discurso comunista endereçado aos cristãos. Detivemo-nos, particularmente, no pronunciamento de George Marchais feito em Lyon, em junho de 1976. Nosso propósito consistia em: i) construir um tipo de dicionário das palavras do Partido, a partir do contexto sintático de seu uso; ii) fazer, assim, emergir a estruturação do léxico comunista na abordagem dos assuntos polêmicos e das contradições

---

69. O programa foi aplicado ao tratamento de vários tipos de discursos. Além de nossos trabalhos realizados no final da década de 1970, outros estudos subsequentes o empregaram: PLANTE, P. *GDFS: Une grammaire de surface du français*. Centre d'ATO/Université du Québec à Montréal, 1983. • LECOMTE, A.; LÉON, J.; PLANTE, P. *Manuel de programmation em Deredec*. Centre d'ATO: UQAM, 1985. • LECOMTE, A. Espace des séquences. *Langages*, n. 81, 1986, p. 91-109. • LÉON, J.; MARANDIN, J.M. Sarrasine revisited: a perspective in Text-Analysis. *Computer and the Humanities*, v. XX, n. 3, 1986, p. 217-224.

históricas nas quais se inscrevia a "política da mão estendida" e, de forma mais geral, do discurso de aliança do PCF; iii) localizar, por meio do léxico, o lugar do discurso comunista no discurso político nacional, delimitando as zonas de consenso e as linhas de ruptura; e iv) instaurar as questões relativas à memória discursiva.

Não entraremos aqui no detalhe das operações efetuadas para a construção automática de diversos tipos de léxicos: em particular, a do léxico dos nomes mais frequentemente *tematizados* (aqueles que aparecem como temas das frases e aqueles dos quais as frases "falam" imediatamente) e a dos nomes mais frequentemente *determinados* (aqueles que são mais frequentemente qualificados...). Do mesmo modo, não detalharemos as operações efetuadas para comparar sistematicamente esses dois léxicos. Mas, tentaremos sintetizar e simplificar os pontos mais relevantes dessas operações.

O léxico L1 contém as expressões classificadas como "nomes tematizados", enquanto o léxico L2, as classificadas como "nomes determinados". Extraímos de L1 o subgrupo dos nomes tematizados que tinham a maior ocorrência, ou seja, acima de um limite arbitrariamente fixado em 5 ocorrências: a lista obtida foi de 8 expressões. Em L2, observamos o comportamento dessas 8 expressões, registrando sua frequência de aparição. Em seguida, mensuramos a diferença entre o número de ocorrências do mesmo item em L1 e em L2. O resultado dessa operação pode ser sintetizado nesta tabela:

Nomes	Ocorrências em L1	Ocorrências em L2	Diferenças
Cristãos	9	2	7
Comunistas	8	3	5
Crise	6	3	3
Francês	5	2	3
França	11	4	7
Partido	5	4	1
País	5	4	1
Povo	13	4	9

Quando realizamos outra operação, observando desta vez o comportamento das palavras que apareciam mais frequentemente em posição de nome determinado em L2 no léxico L1, obtivemos esta outra tabela:

Nomes	Ocorrências em L2	Ocorrências em L1	Diferenças
Ação	5	3	2
Classe	8	0	8
Democracia	7	2	5
Homens	8	4	4
Mundo	6	1	5
União	8	3	5
Vida	7	1	6

Em resumo, o que podemos depreender desses dados? Percebemos que alguns nomes, frequentemente tematizados, são, inversamente, pouco determinados. Esses nomes são os seguintes: *povo, cristãos, França* e *comunistas*. Constatamos ainda que alguns nomes, frequentemente determinados, são fragilmente tematizados e que esses nomes não são os mesmos da primeira lista: *classe, vida, mundo, união* e *democracia*.

As noções que figuram frequentemente em posição temática tendem a ser precedidas por artigos definidos. O efeito *o povo, os cristãos, a França* e os *comunistas*... é o de um "Nós sabemos do que se trata", de um "Nós podemos falar sobre isso, podemos fazer disso um tema, porque isso é óbvio". Frequentes no discurso político, em geral, e, particularmente, no discurso comunista, essas noções são saturadas pelo consenso ideológico que estabiliza sua referência: elas realizam, no discurso político francês, uma verdadeira *intersecção lexical* entre as formas de organização lexical e de construção da referência das palavras, que são específicas para discursos diferentes e, eventualmente, para discursos antagonistas. Elas tendem para o estatuto linguístico do nome próprio ou para a forma lógica da tautologia ("a França é a França", "o povo é o povo"...). Além disso, suas definições podem vir de seus cruzamentos com outras que lhes são similares nesse sentido: "O povo é a França" etc. O discurso comunista tem marcas eloquentes desse fenômeno. Deixemos Georges Marchais falar:

Eu não quero, esta noite, fingir que vou dar uma definição científica do que é o povo. *Todos sabem o que falar [de povo] significa.*

e mais além:

O povo são aqueles e aquelas que têm feito de nosso país o que ele é.

Se, de um lado, estão as noções que são evidentes, de outro, estão os nomes que frequentemente impõem definições e explicações: o vocabulário e os conceitos do Partido estão sempre por se definir: a *classe* ("trabalhadora", "explorada"...), a *união* ("do povo da França", "dos comunistas e dos cristãos", "de todos os trabalhadores"...), a *democracia* ("política", "econômica", "moderna", "socialista"...). De modo análogo, há noções que devem ser sempre reinterpretadas, palavras que devem ser arrancadas de seu sentido comum: o *mundo* ("melhor", "de amanhã"...), a *vida* ("mais bela", "mais justa", "mais feliz", "mais livre"...).

A organização lexical do discurso comunista revela este fato essencial com o qual toda análise do discurso político se encontra confrontada: as palavras podem, às vezes, recobrir o mesmo sentido e, outras vezes, mudar de sentido em função das posições daqueles que as empregam. Com efeito, identificamos no vocabulário do PCF: i) zonas de neutralização discursiva, nas quais as palavras parecem ser empregadas num consenso geral, em que elas têm o mesmo sentido para todos; ii) zonas de constituição e de fechamento de um saber, em que os conceitos recebem sua definição; e iii) zonas de contradições, nas quais as palavras são objetos arriscados e encarnam posições das quais é preciso se apoderar, para que sejam utilizadas em proveito do enunciador.

Ao explorar a rede dessas palavras nas condições contextuais e sintáticas de seu emprego, temos o sentimento de decifrar uma espécie de cartografia do discurso político nacional: ela teria partes comuns e pacíficas, onde todos poderiam se reconhecer em casa e se sentir à vontade; territórios hermeticamente fechados, cuidadosamente defendidos e cuja propriedade seria exclusiva; e terrenos conflituosos, campos de batalha lexicais, onde a luta ideológica provoca discórdias. Evidentemente, a geografia dessas zonas se desloca conforme as transformações dos momentos históricos, das estratégias discursivas e das artimanhas verbais. Mas a lógica da divisão que eles operam permanece.

Essa parece ser uma constante do léxico político nacional, quando o consideramos a partir do vocabulário do PCF. Uma vez que o discurso político se inscreve profundamente numa *lógica da territorialidade*, ele circunscreve uma identidade de linguagem que traça múltiplas demarcações: entre conceitos "científicos" e noções "ideológicas", vocabulário revolucionário e léxico reformista, enunciados de esquerda e expressões de direita; enfim, entre as palavras que dizem a verdade e aquelas que enganam. A cartografia discursiva é também uma geografia da verdade e da mentira. Essa lógica da divisão se aplica ainda aos territórios da memória: há "a nossa" memória e a "deles", o registro fiel e a compreensão científica da história contra todas as deformações burguesas que a viram "de cabeça para baixo".

A obsessão pelo território é uma característica central do discurso e da memória comunista. Isso porque essa obsessão é um fato massivo da identidade comunista, tal como ela foi constituída na França desde o início do século: bastiões discursivos, memória sitiada, cidadelas operárias e periferias vermelhas... A territorialização econômica, política, social, cultural e geográfica da identidade comunista impôs sua força. Tornou-se também a sua fraqueza e uma das razões essenciais de seu declínio.

A classe operária não responde mais

> *Antes a certeza de uma igreja cheia de crentes do que a precariedade do mundo inteiro.*
> CANETTI, E. *Masse et puissance.* Paris: Gallimard, 1960, p. 18.

Com efeito, uma análise do discurso comunista francês deve considerar este fato novo: trata-se de um discurso que não cativa mais. As palavras são as mesmas, mas o discurso parece ter perdido sua capacidade performativa de ser uma fala eficaz, as convicções que ele era capaz de sustentar e os ímpetos que já há tanto tempo ele suscitava. Quando nos deparamos com o discurso comunista em nossos dias, temos a sensação de ouvir uma fala *desafetada*. Já ultrapassamos aqui os limites do que se pode explicar por meio de uma análise interna dos discursos, que se confinasse numa perspectiva estritamente linguística. De fato, não é do interior do discurso que se pode compreender as razões de seu fracasso[70]. Nessa sua abordagem interna, em que é considerado no agenciamento de suas palavras e de suas formas, o discurso permanece igual a si mesmo. A menos que vejamos precisamente nessa surpreendente estabilidade, nessa imobilidade verbal, uma das causas do enfraquecimento da mensagem política que esse discurso continua a veicular num ambiente histórico consideravelmente transformado sob todos os pontos de vista, particularmente depois da década de 1960. A menos que consideremos essa territorialidade discursiva, tão cuidadosamente conservada, como um fator essencial de defasagem com uma realidade ideológica em que as zonas de consenso são, ao mesmo tempo, consideravelmente deslocadas e expandidas. Nesses novos territórios e em novos

---

70. Nesse sentido, precisamos reconhecer que os elementos históricos presentes no estudo que dedicamos ao discurso comunista endereçado aos cristãos permaneciam muito mais inscritos numa história dos discursos e dos aparelhos do que numa história das mentalidades e das práticas (cf. COURTINE, 1981, p. 67-75).

tempos, a identidade operária comunista, um ponto de referência constante, ao mesmo tempo, alicerce e ponta de lança do discurso, foi progressivamente modificada, cada vez mais erodida e, por fim, radicalmente desterritorializada. A classe trabalhadora à qual o discurso comunista se endereçava já não responde mais.

O declínio do PCF desde 1981 foi muito repentino e muito profundo para não resultar em erros políticos e em falhas estratégicas. Ele é o efeito da desintegração da identidade proletária comunista[71], sobre a qual sua influência se construiu desde a véspera da Frente Popular. De fato, foi em 1935-1936 que o PCF realizou sua implantação no meio trabalhista e quando se constituiu essa identidade, que compreendia, ao mesmo tempo, escolha e engajamento político, identificação territorial com uma cidade "vermelha", identidade social fundada na defesa de um estatuto proletário e sentimento de pertencimento cultural a uma comunidade de práticas e de discursos. Desde então, o Partido comunista se contentou essencialmente em administrar suas conquistas. Podemos dizer que ele solidificou, particularmente, por meio do fechamento ideológico, a lógica territorial de seu discurso e

---

71. "Por décadas, o PCF se apresentou como um partido agregador em torno de um núcleo trabalhador de segmentos sociais diversos – operários, camponeses, intelectuais, empregadas domésticas etc. Essa segmentação se subsumia num conjunto homogêneo, que apresentava uma fachada de cimento perfeitamente lisa. Ora, desde 1981, essa argamassa comunista vai se desmoronando em grandes porções e percebendo que se tornou um aparelho muito fragmentado, composto de elementos diversos de camadas sociais, de comunidades territoriais distintas e de gerações diferentes acumuladas. Toda essa heterogeneidade estava adormecida durante meio século e sua repentina emergência obrigou o Partido a repensar todo o processo da influência comunista e, por conseguinte, sua desconstrução acelerada" (COURTOIS, S. La crise de l'identité ouvrière communiste. *Le Monde*, 11/09/1988, p. 6). Cf. igualmente, sobre esse ponto: MARTELLI, R. Où en est le vote communiste? *Société Française*, n. 20, set./1986. • COURTOIS, S. Construction et déconstruction du PCF. *Communisme*, n. 15-16, jun./1988. • COURTOIS, S.; PESCHANSKI, D. From decline to marginalization: the PCF breaks whit French society. *Communist Parties in Western Europe*. Oxford: Blackwell, 1988.

os efeitos de confinamento próprios das práticas e da cultura proletárias. O trabalhismo do Partido é, de uma só vez, o reflexo e o fortalecimento do trabalhismo "natural" das comunidades dos operários. Ele parecia querer enclausurar essas comunidades num gueto proletário[72]; parecia querer romper a tendência, inscrita na longa duração histórica, de integração das classes trabalhadoras na sociedade; e parecia querer abrandar ou até mesmo impedir sua assimilação política e cultural. Identificamos aqui a necessidade desse discurso de controlar excessivamente sua memória, de estruturar seus enunciados de modo que qualquer acontecimento tenha uma interpretação já produzida, de modo que qualquer palavra já esteja associada à citação de um enunciado anterior e de modo que qualquer mutação da condição ou das experiências dos trabalhadores já seja identificada a um passado da tradição proletária. Compreendemos que a própria estrutura do discurso foi inteiramente mobilizada pelo retorno interminável dos pais fundadores e dos heróis da classe trabalhadora e completamente ocupada pela celebração litúrgica dos primórdios do socialismo, imobilizado num tempo que parece ter começado e parado em 1917.

O movimento da história tem pouca nostalgia pelas relíquias: ele passa ao largo da repetição do passado. Desde o início dos anos de 1960, enquanto a sociedade francesa talvez pudesse parecer estruturada pelo confronto de suas classes sociais, se configuram os elementos de um processo que iria modificar completamente a inscrição territorial, as formas de sociabilidade e as próprias mentalidades que formavam a identidade operária. Os novos modos de consumo, de

---

72. "Gueto social que faz do mundo dos trabalhadores braçais a *única* referência, sem se preocupar com a evolução do resto da sociedade. Gueto territorial: os municípios comunistas são transformados em ecossistemas que asseguram a reprodução da identidade trabalhadora comunista, mas não preenchem as funções elementares da cidade: a circulação de homens e de ideias, as mudanças sociais e culturais, a oferta de múltiplas promoções de bem-estar" (COURTOIS, S. *La crise de l'identité ouvrière communiste*. Op. cit.).

entretenimento e de habitação vão pouco a pouco desintegrar os vínculos sociais tradicionais que cimentavam as comunidades de trabalhadores[73]. Essas novas formas de vida acompanham e favorecem as reivindicações individualistas: desejos de privacidade e extensão da esfera pessoal.

O modelo comunista da identidade trabalhadora, silenciosamente contestada pelas novas maneiras de viver, vai se encontrar consideravelmente abalado pela crise aberta pelos acontecimentos de Maio de 68. Essa revolução comportamental registra a emergência repentina de novos valores: um desejo de liberdade individual e de expressão pessoal que refuta as hierarquias, as tutelas e as tradições. Os jovens trabalhadores serão tocados por esses valores com os quais eles serão incitados a questionar as autoridades familiares, patronais, políticas e sindicais. Maio de 68 é a fase de transição brutal entre um e outro período político, a passagem tumultuosa do tempo das "grandes narrativas" ideológicas para aquele das expressões individuais, o momento de uma ruptura sentida entre uma era *genealógica* fundada no pertencimento, na filiação e na autoridade e uma era *pessoal* que vai exaltar a realização de si e contestar os discursos de conservação e de transmissão.

Sublinhamos acima os paradoxos discursivos dos quais Maio de 68 foi o barulhento teatro: uma modernização econômica e política e uma profunda transformação das mentalidades. Essas metamorfoses foram em boa medida realizadas sob o patronato de Lenin e de Mao Tsé-Tung e acenderam as últimas chamas da memória revolucionária. Naquele sobressalto final de um discurso, naquele último clamor de uma utopia, a memória comunista se encontrou mobilizada. Ela foi envolvida nos confrontos verbais levados a cabo por

---

73. A propósito desses processos, cf., p. ex., LIPOVETSKY, G. *L'ère du vide (Essais sur l'individualisme contemporain)*. Paris: Gallimard, 1983. • *Histoire de la vie privée*. Vol. V. Paris: Seuil, 1987. • TODD, E. *La nouvelle France*. Paris: Seuil, 1988.

citações-fetiche que opuseram os atores da revolta. O discurso comunista participou do concerto dos monólogos de aparelhos ideológicos que ressoou em toda França.

Não obstante, Maio de 68 foi marcado pela aparição de novas práticas e de novas sensibilidades de linguagem. A estratégia das tradições políticas estabelecidas foi acompanhada por uma lógica daquele momento, uma lógica da situação e do acontecimento que parasita a primeira, que a ultrapassa e que, por vezes, a afronta e praticamente a substitui. Essa nova lógica se encontra em modos de expressão inéditos, que pretendem romper com as formas canônicas da tomada de posição pública, dos manifestos e das petições. Privilegiando a astúcia verbal, em detrimento da estratégia discursiva, ela encontrou e fez eclodir outras práticas de linguagem no campo do discurso político: formas curtas, uso lapidar da fórmula, desconstrução das línguas de madeira pelo efeito cáustico do jogo de palavras, dispersões individuais da fala política em inscrições transitórias e simples grafitos lançados ao acaso dos olhares. Uma retórica e uma poética da fala breve, pessoal e efêmera então se insinuam no discurso político. Ultrapassando os limites de Maio de 68, elas anunciam novas práticas, formas e paixões da linguagem pública. Esse é um dos primeiros signos de uma profunda e, então, iminente transformação do discurso político.

O questionamento dos modos tradicionais e autoritários de transmissão dos saberes vai pouco a pouco, ao se generalizar além de 68 e de suas bases estudantis, contribuir para arruinar os poderes de um discurso cuja estrutura inteira é organizada com base na evocação de uma tradição legítima. Uma sensibilidade afeita às formas breves, pessoais e efêmeras da linguagem não poderia se reconhecer num texto em que o uso da *enumeração* e sua evocação ordenada dos elementos de um saber são uma das suas propriedades linguísticas mais centrais. Nas antípodas dessa metamorfose, o discurso comunista funciona como princípio de definição e de classificação das expressões. Entre alguns outros aspectos se destaca a presença de *enumerações ordenadas* no fio do discurso. Signo de reconhecimento maior do texto comunista, essas enumerações têm as propriedades formais estritas: elas correspondem à definição sintática de uma enumeração; são delimitadas por um elemento-origem e um elemento-limite, sempre bem marcados; hierarquizam estritamente, sem permutação possível, os constituintes da enumeração. Essas propriedades formam uma estrutura enunciativa bastante restritiva. Em conjunto com as enumerações, há *listas horizontais* cuja presença atesta e reforça o caráter didático do enunciado. Elas são características da estrutura de um discurso longo, ordenado e desenvolvido, tal como nestas duas ilustrações: "A crise não é somente econômica, ela é também social, política, ideológica e moral"; "À classe trabalhadora, a União do Povo da França agrega os empregados, os camponeses, os engenheiros e os técnicos, os professores e os artistas, o conjunto das classes médias".

Além da crítica dos discursos, aquela que incidia sobre a relação entre poder e saber na materialidade dos enunciados, esses efeitos "teóricos" essenciais promovidos por Maio de 68 não aceitavam o tipo de *relação com o outro* que se constitui na textualidade comunista. Com efeito, esse outro podia ser alguém, uma entidade ou instituição com quem se fala num diálogo de surdos, tal como se deu no confronto bloco contra bloco dos discursos oficiais do Partido e da Igreja Católica. Mas também podia ser alguém, uma entidade ou instituição pura e simplesmente anulada, uma simples construção retórica num jogo de questões e de respostas, um *lugar vazio* que faz ao Partido as perguntas que já carregam em si os pressupostos do discurso comunista. Eis um exemplo desse outro projetado e suprimido no seguinte pronunciamento de Thorez, em 26 de outubro de 1937:

> Ouçam bem isto: [segue uma longa citação]. De quem é essa página em que se encontram sublinhadas as tendências ao fascismo e à guerra do capitalismo moderno? De Lenin, que analisa de maneira tão genial a decomposição do capitalismo

que chegou à sua última fase? Não, ela foi extraída da Encíclica *Quadragesimo Anno*, promulgada em 1931 pelo Papa Pio XI.

Além disso, nesse fragmento, há outro traço da propaganda política: ela é concebida como diálogo fictício do mestre com o aluno. Essa concepção de sua propaganda fez do discurso comunista um bastião ultrapassado da pedagogia diretiva, em completa desarmonia com o movimento das ideias de Maio de 68. As sensibilidades de linguagem que então surgiram valorizavam o efêmero, mas marcaram de maneira profunda e durável as concepções da comunicação política que se tornaram as nossas. Elas contestaram a forma saturada e didática do discurso comunista e seu excesso de memória. Anunciavam também a denúncia de suas amnésias, que será realizada desde o início dos anos de 1980 por uma vasta corrente de pensamento antitotalitário. Essa denúncia transpassava as clivagens políticas tradicionais e se dedicava à crítica das línguas de madeira: além da memória do PCF com seus eclipses, serão quase unanimemente visados o modelo soviético, seus apagamentos, seus "esquecimentos" e suas censuras. O Partido se isolará ainda mais, depois da invasão do Afeganistão, que era o único defensor da "cidadela sitiada".

Por todas essas razões, se torna tentador ver na própria estrutura do discurso comunista, que é um dos elementos de sua identidade, algumas das importantes causas de seu declínio. Assim como é tentador identificar os sinais de uma inegável marginalização: a assimilação da discursividade a uma territorialidade e a redução da *circulação* a um *lugar*; a concepção da "luta ideológica" como uma guerra onde se confrontam os feudos discursivos, enquanto efetivamente as linhas de fraturas ideológicas já estão sendo consideravelmente deslocadas e, sob certos aspectos, atenuadas[74]; a

---

74. Cf. p. ex.: FURET, F.; JULLIARD, J.; ROSANVALLON, P. *La République du centre*. Paris: Fayard, 1988.

rigidez lexical e sintática e a imobilidade do discurso num momento em que as identidades políticas são movediças e quase não cessam de se recompor.

A oposição entre a direita e a esquerda certamente não desapareceu, mas sua percepção está em alguns aspectos mais difusa. Já há algum tempo, as posições são mais flutuantes, os programas mais similares e os antagonismos menos marcados. Num contexto caracterizado pela instabilidade e pela fluidez das palavras políticas, por sua circulação acelerada e até mesmo por sua permutabilidade, o discurso comunista foi cerceado por suas próprias bases geográficas, sociais e culturais bastante tradicionais. Ele não soube ver a importância determinante que os meios audiovisuais de informação iriam adquirir na comunicação política, nem compreender a que ponto esses meios modificariam as regras do jogo. Era nestes termos que o Partido avaliava o desenvolvimento da televisão em meados dos anos de 1960:

> Atribuímos mais importância às ideias. É claro, a televisão é uma técnica particular, é preciso levar isso em conta. Ela tem um papel importante a desempenhar [...], mas nós não acreditamos que ela possa provocar mudanças profundas na opinião, principalmente se consideramos a utilização escandalosa que é feita da televisão pelo governo durante todo o ano[75].

Enquanto isso a classe trabalhadora estava nas salas de suas casas, noite após noite, sentada em seus sofás diante da televisão "capitalista" e "reacionária". Mas isso não basta, evidentemente, para explicar a marginalização do Partido comunista. De modo análogo, essa incompreensão que ele demonstrou face às transformações da linguagem política que seriam impostas pelo aparelho de informação não é uma

---

75. Posição do PCF de 1965, citada por Noël Nel em: *A fleurets mouchetés, 25 ans de débats télévisés* (Paris: INA) e *Documentation française* (1988, p. 23). Trataremos detalhadamente desse assunto no capítulo seguinte.

explicação completa de tudo o que ocorreu com os comunistas e com a classe trabalhadora.

Ao conjunto desses fatores que acabamos de evocar iria se juntar a crise econômica iniciada em 1974. Ela se acelera e se amplifica nos anos de 1980. Esse será o golpe de misericórdia. Desta vez, os fundamentos sociológicos da identidade trabalhadora são os elementos mais decisivos e não mais unicamente os ideológicos. De 1975 a 1985, a classe trabalhadora *stricto sensu* perde um milhão de indivíduos[76]. A desindustrialização desestabiliza os ecossistemas comunistas[77] e, consequentemente, desagrega a identidade operária comunista. A classe trabalhadora à qual se refere o discurso do Partido e da qual ele deseja ser o porta-voz já não mais existia.

Práticas e discursos

Retornemos, para concluir, às questões sobre a Análise do discurso, ao exame de suas condições de emergência e a uma reflexão sobre as possibilidades para seu presente e seu futuro. O esboço que fizemos há pouco das transformações pelas quais passaram as sensibilidades de linguagem não tem como único objetivo constatar a defasagem do discurso

---

76. "O grupo dos trabalhadores da indústria foi reduzido em 1985 a 3,2 milhões, entre os quais quase 800 mil trabalhadores imigrantes que não foram integrados à vida política. Em dez anos, a classe trabalhadora tradicional se fragmentou profundamente. Sua fração mais qualificada passou a se identificar com as camadas médias; enquanto sua fração mais velha foi a vítima privilegiada do desemprego, da desindustrialização e da impossibilidade de reconversão, como na siderurgia. Finalmente, sua fração menos qualificada era formada pelas camadas mais desprotegidas (COURTOIS, S. *La crise de l'identité ouvrière communiste*. Op. cit.).

77. As comunas das antigas regiões monoindustriais, abandonadas ou reconvertidas, foram extintas (minas do norte, siderurgia em Lorraine...). Também foram afetadas aquelas do cinturão vermelho de Paris: entre 1962 e 1976, Ivry perdeu 50% de seus empregos industriais, St. Denis 46% etc. (cf. COURTOIS, S. Op. cit.. • La classe ouvrière en détresse. *Le Monde (Dossiers et documents)*, n. 117, dez./1984).

comunista em relação à evolução das práticas discursivas contemporâneas dos anos de 1970 e de 1980. A identificação dessas transformações permite também mais bem situar em seu contexto esta mutação pela qual passou a AD durante esse mesmo período: o movimento que a conduziu da análise dos grandes conjuntos discursivos homogêneos ao exame de enunciados heterogêneos e dispersos. Esse deslocamento é um dos efeitos, nas formas de reflexão teórica, da passagem de uma era genealógica para uma era individualista, de um momento "político" para um momento "individualista".

A "primeira" Análise do discurso tinha *grosso modo* a tendência de fazer do discurso doutrinal, esse elemento por excelência de uma ordem discursiva da era genealógica, *o modelo de uma teoria geral da discursividade*. Isso num momento em que esse modelo já apresentava os sinais de um esgotamento e em que sua legitimidade já era contestada. Assim, a própria reflexão teórica sobre o discurso se encontrava em defasagem em relação às transformações das práticas. A emergência de novas sensibilidades de linguagem compreende o recrudescimento do indivíduo, do cotidiano e do acontecimento e abre o caminho para que esses elementos e fenômenos não fossem mais descurados pelas análises dos discursos. Com esse movimento, o que era singular, heterogêneo e disperso nos enunciados passou a ser considerado e mesmo enfatizado. Não se pode sustentar que o advento nos anos de 1970 e 1980 de novos instrumentos de análise dos enunciados, tanto na Linguística quanto na Análise do discurso, foi algo completamente independente da transformação das práticas e representações da linguagem, da comunicação e do contato com o outro.

O desenvolvimento da pragmática, das análises da conversação e das abordagens interacionistas, em geral, se inscreve, evidentemente, numa gênese interna da Linguística, uma vez que ocorre durante o momento pós-estruturalista no campo das reflexões sobre a linguagem. Mas uma história interna não é suficiente para explicar sua emergência: é preciso ainda associá-las à consolidação da noção de *diálogo* como prática de comunicação legítima do que chamamos de uma "era individualista". Da mesma maneira, a problemática da enunciação, tal como a formula Émile Benveniste nos anos de 1960, constituiu na história das teorias linguísticas um dos primeiros ensaios de extensão e superação do modelo saussuriano. Porém, essa reorientação que privilegia a "apropriação subjetiva" da língua é igualmente o reflexo, no espaço teórico desse deslocamento ideológico, do movimento que conduziria ao menor interesse pelos sistemas, em proveito dos indivíduos, em análises e reflexões sobre as práticas de linguagem[78]. As teorias da enunciação são a Linguística de um momento que consagra o indivíduo.

Voltemos à análise dos discursos: que ela tenha sofrido um atraso em relação à evolução das práticas discursivas não é em si um problema. O tempo da pesquisa não deve correr atrás do acontecimento. Esse seu tempo não é o tempo breve do jornalista, aquele de uma atualidade imediata. Mas, nesse caso, precisamente, o atraso da AD muitas vezes tomou a forma de uma incompreensão fundada numa percepção anacrônica das realidades discursivas. A razão geral parece ser a enorme importância conferida ao *texto*, em detrimento das *práticas*; à *palavra*, em detrimento do *contexto histórico*; às regras de um *sistema*, em detrimento das singularidades de um *acontecimento*.

Assim, as análises que fizemos da memória comunista compreendem a constituição de uma memória do texto. Isso não é suficiente: é preciso também considerar fundamentalmente o contexto histórico em que ocorreram uma desafetação do discurso e o enfraquecimento da memória comunista.

---

78. Assim, em seus primeiros dispositivos que combinavam estruturas sintáticas dos enunciados e problemática da enunciação, a Análise do discurso refletia ao mesmo tempo um estado das reflexões linguísticas do momento e a transição mais geral de um pensamento sobre o sistema a um pensamento sobre o indivíduo, que envolvia e transformava profundamente a sociedade daquele período.

Mas é preciso igualmente inscrever os textos na instância de seu acontecimento. A linguagem política é também um conjunto de rituais não verbais que enquadram o discurso, agenciam os gestos, regulam os comportamentos, preveem as circunstâncias e organizam uma encenação. Todos esses elementos são essenciais nas práticas e representações políticas e indissociáveis das declarações e pronunciamentos dos sujeitos desse campo. Não podemos contorná-los, se quisermos verdadeiramente compreender os *efeitos* de um discurso. Cremos ser fundamental deslocar a atenção de uma lógica da *produção*, que até agora tem prevalecido, para uma análise da *recepção* dos discursos políticos. Isso implica parar de conceber o indivíduo ao qual se remete uma "mensagem" política como um lugar vazio, um ponto neutro, um sujeito passivo que a mensagem viria preencher, informar ou desinformar. Essas concepções, herdadas das teorias da comunicação dos de 1950 e dos pensamentos da propaganda política do período entre as duas guerras, são estritamente inadequadas, quando se trata de considerar as decodificações complexas e nada passivas das "mensagens" políticas transmitidas pelos canais modernos da comunicação audiovisual[79].

O projeto de uma análise dos discursos que restitui à discursividade sua espessura histórica não está esgotado. Mas

---

79. A propósito da atividade implicada operações cotidianas, tais como ler, ver televisão etc., cf. as inovadoras intuições de: DE CERTEAU, M. *L'invention du quotidien*. Paris: Gallimard, 1980. Ou ainda estas observações de Patrick Champagne a respeito dos programas e debates políticos na TV: "Vemos ainda o erro que se cometeu em reduzir a análise dos programas e debates a uma análise interna do discurso. Essas exibições televisivas são, como tantas manifestações políticas, verdadeiras armadilhas para hermeneutas. Diante delas, o analista frequentemente adota a postura em ampla medida irreal de um telespectador apaixonado pelo espetáculo político, que a observaria com uma atenção inabalável. Tudo leva a acreditar que essa postura é, na realidade, pouco presente no público ordinário dessas transmissões, porque esse público tem, antes, uma atenção 'oblíqua' ou com 'eclipses' diante daquele fluxo de imagens" (Le cercle politique: usages sociaux des sondages et nouvel espace politique. *Actes de la Recherche en Sciences Sociales*, n. 71/72, mar./1988, p. 70-97).

ele deve ser repensado em função dos resultados que alcançou, das dificuldades com as quais se deparou e dos impasses aos quais nos conduziu. Caso isso não ocorra, cremos que sua capacidade para analisar práticas e representações de linguagem constituídas de *corpo e discurso*, de atos, gestos e imagens ficará severamente comprometida. A transmissão da "mensagem" política pelas mídias é dada como um fenômeno *total* de comunicação, representação extremamente complexa na qual os discursos estão imbricados em práticas não verbais, em que o verbo não pode mais ser dissociado do corpo, do gesto e da voz, em que a expressão da linguagem verbal está conjugada à expressão das linguagens do rosto, em que o texto é indecifrável fora do seu contexto e, finalmente, em que não se pode mais separar linguagem e imagem[80].

Analisar discursos não pode mais se limitar a caracterizar um texto em diferentes níveis de funcionamento linguístico. Devemos, antes, identificar, descrever e interpretar a maneira pela qual se entrecruzam regimes de práticas e séries de enunciados; devemos rearticular a perspectiva do linguista e a do historiador numa direção que poderia ser próxima desta indicada por Roger Chartier nestes termos:

> Os discursos são o mais massivo dos materiais da história. Nenhum discurso pode ser devidamente tratado sem ser submetido à dupla abordagem, crítica e genealógica, proposta por Foucault, visando a identificar as condições de possibilidade e de produção, seus princípios de regularidade, suas restrições e suas apropriações. A execução dessa tarefa implica inscrever no centro da crítica documental,

---

80. A ideia de que a transmissão da mensagem política é um fenômeno *total* nos conduziu a postular que as práticas de linguagem, em geral, e a fala pública, em particular, são "fatos sociais totais", tal como Marcel Mauss compreendia essa noção. Cf. COURTINE, J.J.; PIOVEZANI, C. (orgs.). *História da fala pública: uma arqueologia dos poderes do discurso*. Petrópolis: Vozes, 2015. Com base nesse trabalho e em nossa interlocução, Piovezani levou adiante essa concepção em: PIOVEZANI, C. *A voz do povo: uma longa história de discriminações*. Petrópolis: Vozes, 2020.

que constitui a mais durável e a menos contestada das características da história, as questões e as exigências de seu projeto de uma análise dos discursos, tal como ele foi formulado em articulação com o trabalho efetivo dos historiadores. Um objetivo fundamental desse projeto é compreender as restrições, as regulações e as possibilidades das práticas discursivas... Por outro lado, executar essa tarefa exige ainda conceber o trabalho histórico como um trabalho sobre a relação entre as práticas e representações[81].

---

81. CHARTIER, R. Le passé composé (De l'objet historique ou la querele des universaux). *Traverses*, n. 40, abr./1987, p. 16-17.

O espetáculo político das massas

Sabe de uma coisa, Stu? A política é como o
showbusiness.
Ronald Reagan[82]

As formas da fala pública se transformaram consideravelmente nas sociedades ocidentais no decorrer dos últimos quarenta anos. O discurso político ganhou novos contornos e poderes: ele era ocasional e se tornou onipresente; sua difusão era restrita e se tornou uma circulação praticamente universal. Porém, ao mesmo tempo, ele parece ter sido destituído de boa parte de sua autoridade e despojado de seus antigos prestígios. O verbo não tem mais o protagonismo e a exclusividade no palco do teatro político e parece ter cedido esse espaço ao fluxo das imagens, para desempenhar um papel secundário num novo espetáculo político de massas. Entramos numa nova era do discurso político?

A derrocada dos monólogos

Uma primeira constatação: certo descrédito dos enunciados políticos, a desafetação e não raramente a própria rejeição de algumas formas de fala pública. De certa forma, a crítica das "línguas de madeira", que se desenvolvera na França no final dos anos de 1970 e se espalhara com a onda antitotalitária dos anos de 1980, se expandiu desde então além daquela dirigida ao universo dos discursos stalinistas,

---

82. CHAGALL, D. *The New kingmakers*. Nova York/Londres: Harcourt Brace Jovanovich, 1981, p. 3.

ao qual ela originalmente se limitava. Doravante, essa crítica incide, geralmente, sobre o conjunto de formas longas, fixas e redundantes da fala política, inscritas numa antiga tradição discursiva. Ela rejeita o monologismo dos discursos e tende a se concentrar nos sujeitos, cujas vozes muitas vezes abafadas, sob o funcionamento de aparelhos institucionais. Em tal funcionamento, essa crítica enxerga uma máscara verbal na qual os traços do sujeito político se dissipam sob o anonimato de uma causa ou se multiplicam na figura sem rosto de um partido.

Desde então, teria surgido outra política da fala: aquela das formas breves, das fórmulas e das pequenas frases... Uma fala política instável, fluida e imediata, que conseguiria aproveitar o instante em vez de se inscrever na memória, que privilegiaria a astúcia verbal em vez da estratégia discursiva. Essa seria uma fala dialógica, produzida pelo jogo de linguagem das trocas conversacionais: a fala pública teria passado por uma profunda transformação enunciativa que engendrou uma fala breve, interativa, descontínua e fragmentada. No bojo dessa emergência, o discurso faria ressurgir enfim o indivíduo falante e conseguiria dissipar o aparelho político. As vozes não seriam mais anônimas, cada uma falaria em seu próprio nome e a verdade se constituiria nessas trocas verbais.

No entanto, a situação é bem mais complexa. Talvez não estivéssemos equivocados ao acreditar que as "grandes narrativas" estão sob a ameaça de desaparecer[83] e nestes seus correlatos: fim dos programas, das enumerações intermináveis de proposições e das longas dissertações políticas. Com essa mudança, os atores políticos deveriam menos explicar ou convencer do que seduzir ou persuadir[84]: as formas didáticas

---

83. "Simplificando bastante, entendemos por 'pós-moderno' a incredulidade em relação às metanarrativas" (LYOTARD, J.F. *A condição pós-moderna*. Paris: Minuit, 1979, p. 7).

84. "Pilhas de números para explicar os problemas políticos só fazem afugentar os telespectadores. São preferíveis as mensagens quentes e que persuadem pela sedução. Não se pode vencer a emoção com a lógica" (Joe Napolitan,

de uma retórica política clássica, modeladas pela instituição livresca, são substituídas por novas formas, que submetem os conteúdos políticos às exigências das práticas de linguagem próprias do aparelho audiovisual de informação. Despontava aí, ao mesmo tempo, uma *nova ordem da verdade* na política, que tende a se desviar das demarcações tradicionais (direita/esquerda), para se organizar segundo as categorias de arcaico e de moderno ou de "obsoleto" e de "inovador", para empregarmos aqui os termos utilizados pela promoção midiática dessas novas classificações.

Arcaicas seriam as formas longas, geradoras de tédio, suspeitas de duplicidade, turvas, alusivas e enganadoras; modernas, as formas breves, vivas e claras, em sua retórica despojada e em sua sintaxe elementar, tal como nesta resposta do então primeiro-ministro francês Laurent Fabius, ao ser questionado por um jornalista sobre sua autonomia em relação ao presidente François Mitterrand: "Ele é ele, eu sou eu". Portanto, o discurso político passou a estar submetido a uma dupla exigência. Por um lado, pesa sobre ele uma injunção à verdade: ele deve ser então uma "fala verdadeira" e dizer as coisas supostamente de modo transparente. Por outro, também lhe pesa um imperativo de simplicidade: ele deve ser também uma "fala fácil e clara" formulada numa língua cotidiana, para promover uma vulgarização das ideias políticas. A necessidade de ser sincero no campo político se encontra com a arte da escassez. Desde então, em sua maioria, os políticos passaram a falar línguas mínimas, a dizer somente o "básico".

O que precisamos reter e compreender dessa simplificação unanimemente proclamada da linguagem política e desses questionamentos sobre os discursos tradicionais? Devemos identificar aí menos uma mera preocupação crítica ou uma vontade de transparência do que os efetivos efeitos no campo discursivo de uma racionalização do espaço político em larga

---

célebre "consultor político" do Partido Democrata, citado por D. Chagall: *The New Kingmakers*. Op. cit. 1981, p. 26).

medida organizado pelas técnicas de comunicação de massa na ordem do discurso. Essa é uma das facetas do impacto do meio sobre a mensagem: na lógica televisiva, seja aquela do *spot* publicitário, da informação ou do debate, as mensagens simples e curtas são julgadas preferíveis àquelas consideradas longas e complexas[85]. Essa lógica faz pesar sobre o enunciado as novas limitações que tendem a modificar consideravelmente a sua forma. As receitas da retórica parlamentar que reinavam sobre a eloquência política até o século XIX foram sendo progressivamente substituídas, sobretudo, a partir dos anos de 1950, por outras maneiras de falar.

O sentido geral desse processo, contemporâneo ao desenvolvimento dos meios de comunicação de massa, pode ser muito bem-apreendido nas recomendações que acompanham as análises "lexicológicas" elaboradas pela ciência política[86]. Essas análises do discurso propõem aos políticos uma simplificação de seu vocabulário, de modo que ele não exceda ao estoque lexical do francês "básico" à disposição de um trabalhador braçal médio, assim como recomendam certo número de parâmetros (extensão das frases, velocidade da elocução, marcas de "personalização" do discurso...), com os quais uma recepção ideal da mensagem poderia estar garantida[87]. Eis o

---

85. "A televisão publicitária insiste, de uma maneira sem precedentes, sobre a brevidade da expressão. Poderíamos mesmo falar de instantaneidade. Um *spot* de sessenta segundos é prolixo; um *spot* de trinta segundos é muito longo; a duração média se situa agora em torno de quinze a vinte segundos" (POSTMAN, N. *Se distraire à en mourir.* Paris: Flammarion, 1986, p. 176).

86. Propostas em particular por Jean-Marie Cotteret, professor de Ciência política e especialista em análise do discurso de líderes políticos: COTTERET, J.-M. *Recherches sur le vocabulaire du Général de Gaulle.* Paris: Armand Colin, 1969. • COTTERET, J.M. et. al. *Giscard-Mitterrand: 54.774 mots pour covaincre.* Paris: PUF, 1976. • COTTERET, J.M. *Gouverner c'est paraître.* Paris: PUF, 1997.

87. Uma síntese dessas recomendações se encontra no seguinte diálogo, oportunamente transcrito por Patrick Champagne, entre um jornalista (J) e Jean-Marie Cotteret (JMC), em 2 de junho de 1987, a propósito de um discurso de Raymond Barre, primeiro-ministro da França, entre agosto de1976 e maio de 1981: "(J): Nós estamos aqui esta noite graças à Infometria e ao professor Jean-Marie Cotteret, para descortinar o discurso de Raymond Barre. (JMC): O

que se busca com essas recomendações: uma simplicidade calculada. O desejo de ser compreendido somente seria realizado com o emprego de poucas palavras, com a produção de frases curtas e com uma articulação compassada. Decaído de suas alturas teóricas, assegurando um serviço ideológico mínimo, por meio de uma pedagogia de classe elementar, o discurso político é aqui concebido como o produto homogeneizado de um consumo de massa. Nesse sentido, a brevidade e a simplicidade que se tornam normas nessas recomendações garantem a clareza das intenções?

As metamorfoses do *homo politicus*

Desde então, os enunciados parecem ter sido reduzidos ao mínimo na comunicação política. De fato, a imagem de si é indissociável do discurso que a constitui. É ela que qualifica ou desqualifica os conteúdos do discurso e que permite expandir ou não seu impacto e sondar seus efeitos. Há aqui algo ainda mais fundamental: a imagem se constituiu na "linguagem" que os políticos aprendem cuidadosamente a falar. Os mais velhos a balbuciam com sua articulação imperfeita e com o cuidado empregado por aqueles que aprendem tardiamente uma língua estrangeira. Os mais jovens a articulam com uma hábil maestria, como se fossem os únicos falantes muito proficientes em sua língua materna. Uma pedagogia de socorro emerge prontamente para auxiliar os mais desfavorecidos[88].

Sr. Barre está em plena progressão. Habitualmente, ele já usava 70% de francês coloquial em seu vocabulário. Agora, ele chegou a 79%. Com isso se pode dizer que os franceses, sem dúvida, o compreendem melhor... (J): E as frases eram longas? (JMC): Sim, as frases eram longas, elas tinham em média 31 palavras, o que é um pouco longo para um estilo oral. (J): Qual é o máximo de palavras compreensíveis no rádio? (JMC): Normalmente, são 24 palavras. Não se deve jamais ultrapassar 24 palavras no rádio, assim como na televisão (CHAMPAGNE. Op. cit., p. 79).

88. "Não raras vezes, é preciso sacudir o "aprendiz" para fazê-lo compreender que ele é um mau comunicador e que ele deve se reinventar, se quiser ter

Novos tipos de especialistas surgiram no campo político desde o final dos anos de 1940 nos Estados Unidos e desde a metade dos anos de 1960 na França. A partir de então, eles se multiplicaram e diversificaram rapidamente e se tornaram indispensáveis nas campanhas eleitorais: "assessores políticos", "especialistas de campanha", "consultores de comunicação", "*ad men*" ou ainda "conselheiros de crise", entre outros. Resumidamente, um amplo conjunto de profissões da comunicação política assumiu o lugar tradicionalmente ocupado pelos militantes, agora condenados à distribuição dos panfletos de porta em porta e mobilizados para compor as massas nos comícios. O ofício tradicional e mais ou menos voluntário destes últimos consiste em organizar uma circulação restrita de textos impressos. O *marketing* político lhe substituiu em razão de um novo *savoir-faire*, que define as estratégias de difusão generalizada de imagens e de discursos por meio das mídias. Uma das consequências mais espetaculares desse processo foi a produção do que parece ser uma metamorfose do *homo politicus*. Tudo se passa como se o corpo do político, que há muito tempo estava mudo, tenha, de repente, começado a falar. As técnicas audiovisuais de comunicação política são acompanhadas de uma pedagogia do gesto, do rosto, da expressão. Elas fizeram do corpo um objeto-farol, uma questão central da representação política. É como se tivéssemos passado de uma política do texto, veículo de ideias, a uma política da aparência, geradora de emoções. Diante dessa divisão entre a política das ideias e a política das aparências, é como se os políticos tivessem de escolher entre uma e outra, de acordo com suas pertenças ao mundo arcaico ou ao moderno.

Esse tipo de debate precisa ser inserido numa série histórica a partir da qual ele poderia adquirir um novo sentido.

---

sucesso em sua comunicação. Outras vezes, é preciso dar pequenos toques para corrigir, melhorar e completar o modo de expressão escolhido pelo político. Aos que têm a tendência de falar com ênfase, aconselhamos a sobriedade etc." (BONGRAND, M. *Le marketing politique*. Paris: PUF, 1986, p. 37).

Para fazê-lo, seria necessária a elaboração de uma história da relação entre corpo e linguagem nas práticas, nas formas e nas representações da comunicação política. Essa história precisa ainda ser escrita, mas aqui abaixo e em outros lugares esboçamos algumas de suas linhas[89]. Ela permitirá apreciar o que está em jogo na transformação da eloquência que se desenrola diante dos nossos olhos, permitirá distinguir os efeitos modernos e os ecos de processos mais distantes; e permitirá, enfim, compreender o que foi causado pelas inovações tecnológicas, mas também o que se inscreve nas evoluções mais antigas e mais profundas das mentalidades.

Ao atravessar a era do impresso para aquela da imagem[90], a política se profissionalizou duplamente. Ser um político se tornou uma profissão, ao mesmo tempo em que as profissões técnicas da comunicação se multiplicaram na política. Além disso, concebido como se fosse um mercado[91], o campo político foi pouco a pouco submetido às lógicas e às limitações do *marketing* comercial.

Essa situação foi e continua a ser criticada por uns, que nela veem um verdadeiro desvirtuamento da coisa pública, e elogiada por outros, que nela celebram um "abrandamento" do caráter agonístico da vida política. Em todo caso, ela não pode ser simplesmente relacionada à emergência

---

89. Cf., entre outros: COURTINE, J.-J. *Metamorfoses do discurso político*. Op. cit. • COURTINE, J.-J. PIOVEZANI, C. *História da fala pública*. Op. cit.

90. Em resumo, "a transformação da política que disputava posições por meio de palavras e ideias veiculadas por textos impressos numa política que disputa posições por meio de imagens e sentimentos televisionados" (CHAGALL, 1981, p. 3).

91. A literatura consagrada à comunicação política de massa é relativamente antiga, extremamente abundante e, muitas vezes, tem certo perfil universitário nos Estados Unidos. Já na França, ela é mais recente e não muito original, além de ser ainda um assunto de profissionais. Para ilustrar essa particularidade francesa, mencionamos apenas estes títulos: SAUSSEZ, T. *Politique séduction*. Paris: J.C. Lattès, 1985. • CAYROL, R. *La nouvelle communication politique*. Paris: PUF, 1986. • *Splendeurs et misères de la politique*. Paris: Larousse, 1986. • LINDON, D. *Le marketing politique*. Paris: Dalloz, 1986.

dos *mass media*. Reconhecer a importância destes últimos e as transformações que eles introduzem tanto no campo político como na vida cotidiana não significa que devamos ceder a uma fascinação ou a uma repulsa a seu respeito. Nas transformações das práticas e representações políticas, nós podemos ver ainda os efeitos de um movimento mais profundo e anterior que afeta todo o corpo social. O estudo do papel das sensibilidades políticas na constituição das sociedades de massa já havia sublinhado as relações entre o anonimato e a indiferenciação como condição dos *sujeitos das massas*, de um lado, e certo *refluxo do universo político* e o aumento de um sentimento de relativa indiferença aos assuntos públicos, de outro.

Alguns desses elementos foram identificados mais ou menos precocemente por Hannah Arendt ou Jürgen Habermas[92]. Essas e outras análises posteriores que lhes foram dedicadas ressaltaram o fato de que essa desafetação da esfera pública, essa perda de interesse pelos ideais coletivos e transcendentes e esse desligamento das agremiações políticas culminaram no ensimesmamento de um individualismo narcisista e na tirania da intimidade[93]. Mas esse refluxo contemporâneo do campo político deve ser compreendido numa mais longa duração histórica. Já em 1939, Norbert Elias havia identificado um aumento progressivo da intimidade na civilização dos costumes da sociedade ocidental a partir do século XVI[94]. Porém, na França, o recrudescimento do individualismo e o refluxo da política somente se tornaram mais presentes, se consolidaram e passaram a ser efetivamente analisados no fim

---

92. ARENDT, H. *The origins of totalitarianism*. Nova York: Harcourt Brace and World, 1951. • HABERMAS, J. *L'espace public*. Paris: Payot, 1978, cuja primeira edição data de 1962.

93. Nos trabalhos de sociologia histórica nos Estados Unidos, cf.: SENNETT, R. *The fall of public man*. Nova York: Vintage, 1974. • LASCH, C. *The culture of narcissism*. Nova York: Werner, 1979.

94. ELIAS, N. *La civilisation des moeurs*. Paris: Calmann-Lévy, 1969, cuja primeira edição data de 1939.

dos anos de 1970[95]. Essas análises mostraram como o encolhimento da política e a psicologização das relações sociais conduziram ao desenvolvimento de políticas da aparência e de políticas privadas e individuais; mostraram ainda como essas políticas foram acompanhadas de novas sensibilidades produzidas pela comunicação, pela escuta ou pela expressão de si; e mostraram, enfim, como surgem as injunções para fazer aparecer nos comportamentos, nos gestos e no rosto os indícios de uma interioridade pessoal. Não se pode ignorar o papel catalisador do espetáculo do corpo nos *mass media*, como também não se pode ignorar o ponto de chegada de um processo antigo de *individualização pela expressão* do homem ocidental. Esse processo nos conduziu ao aprendizado e à introjeção de formas de expressão e de controle, de manifestação e de mascaramento dos sinais de uma "linguagem" pessoal[96]. O corpo do *homo politicus* "fala" já há muito tempo, mas em nossos dias ele se exprime de um modo bastante diferente.

Todo esse processo e os fenômenos complexos que ele compreende envolvem o cruzamento entre uma longa e mais ou menos lenta evolução das relações sociais e das práticas de linguagem, por um lado, e o desenvolvimento recente das tecnologias de comunicação de massa, por outro. O recrudescimento do individualismo preparou histórica e socialmente o advento dessas tecnologias. Mas, é inegável que elas ampliaram exponencialmente seus efeitos. A tendência à individualização, à fragmentação crescente do campo social e à inserção do indivíduo em formas de sociabilidade cada vez

---

95. Cf., em particular: DUMOND, L. *Essais sur l'individualisme*. Paris: Seuil, 1983. • LIPOVETSKY, G. *L'ére du vide*. Paris: Gallimard, 1983. • BIRNHAUM, P. *La fin du politique*. Paris: Seuil, 1975. • LACOUE-LABARTHE, P.; NANCY, J.L. *Le retrait du politique*. Paris: Galilée, 1983.

96. Conforme indicamos em: COURTINE, J.-J.; HAROCHE, C. *Histoire du visage*. Paris: Payot, 1988 [trad. bras.: *História do rosto*. Petrópolis: Vozes, 2016). Voltaremos a tratar desse ponto aqui em nossas conclusões no último capítulo: Corpo e discurso.

mais restritas contribuiu para essa metamorfose do *homo politicus* que se processou diante de nossos olhos, mediante a inserção progressiva da lógica, das práticas e do regime do olhar da televisão não apenas na esfera cotidiana, mas também no âmbito político. Essa mesma tendência concorreu ainda para a transformação das práticas de linguagem, na medida em que os discursos característicos de uma era "genealógica" foram sendo apagados e substituídos pelos discursos de uma era "individualista".

A dispersão das massas

Com efeito, o modelo do orador político se modificou bastante em nossos tempos, mas isso não é um simples caso de retórica. A era genealógica é aquela das multidões, o tempo das sociedades "holísticas" e dos poderes autoritários. O orador tradicional encontrava sua verdadeira condição diante das multidões. Distante e nem sempre bem visível, ele estava, no entanto, em contato com cada uma das pessoas que o viam e ouviam. Todas elas estavam lá juntas e reunidas sob a forma de uma massa. As massas de ouvintes poderiam até não enxergar muito bem o orador, mas elas o ouviam, porque foram ao seu encontro para ouvi-lo. Esses são alguns traços fundamentais da clássica situação das multidões políticas. As massas como corpo político foram identificadas e longamente analisadas, desde a virada do século XIX para o XX, por Gustave Le Bon, Gabriel Tarde e Sigmund Freud e, mais tarde, ainda por Thomas Mann, Wilhelm Reich e Elias Canetti, entre outros. Em que pesem suas diferenças, todas essas análises levantam a questão central da *violência das multidões*. Elas destacam o aumento da violência e das atrocidades, que logo iriam irromper no início do século XX e que mostrariam a pertinência e a necessidade daquelas interrogações teóricas. Ainda que cada um o tenha feito a seu modo, todos esses pensadores insistem no seguinte fato: para que uma multidão se constitua e se consolide, para que ela se torne um bloco consistente, é preciso uma "desindividualização" de cada um de seus membros, uma espécie de contágio que dissipe as resistências pessoais do senso crítico numa espécie de êxtase coletivo. Todos sublinham ainda os meios pelos quais se pode obter a submissão ou o descontrole de uma multidão: o uso hipnótico do olhar, porque a "hipnose é uma multidão composta de duas pessoas", como dizia Freud em sua *Psicologia das massas e análise do eu*, mas também uma maneira de falar, uma ênfase do verbo, um excesso do gesto e uma sedução pela voz. O personagem Cipolla, *Mário e o mágico*, de Thomas Mann, é uma metáfora do *duce* fascista. Ele é um "hipnotizador" de olhos "severos" e "penetrantes". Antes de mais nada, quando reunidos para ouvi-lo, os membros da multidão dizem que ele "Parla beníssimo!" Sua voz também retém a atenção da massa, porque ela tem um "alto volume" e uma qualidade "metálica": "As crianças não compreendiam nada, mas suas entonações as mantinham em êxtase"[97]. Essa é a imagem por excelência do orador fascista: um ritual que prepara sua entrada em cena e sua subida à tribuna digno de um espetáculo circense bem cuidado, um longo e enfático monólogo, que é pontuado e acentuado por um convulsionismo histérico dos gestos e por uma descarga em volumes estratosféricos da voz, que juntos suscitam e ecoam os clamores da multidão. Esse orador fascista e essa sua imagem ainda assombram o imaginário político das democracias. Em larga medida, as multidões revolucionárias deram ensejo ao nascimento da democracia, mas esta última continua a concebê-las como uma ameaça à sua própria sobrevivência. Por essa razão, não poucos adeptos de uma democracia liberal e política têm se esforçado para afastar a eloquência plebeia das tribunas do poder ou, ao menos, para pacificá-las e para mantê-la controlada dentro dos limites dos lugares e das formas de representação política e do discurso parlamentar. Há aí ainda o desejo de circunscrevê-la nos coletivos enquadrados pelas estruturas de um partido e de

---

97. MANN, T. *Mario et le magicien*. Paris: Flammarion, 1983, 26-52; publicado originalmente em 1930.

canalizar os arroubos da multidão nos fluxos apaziguadores de manifestações pacíficas.

Mas, ao que parece, já algum tempo, as multidões não mais se deixam convocar pelo campo político. Elas se apresentam apenas de maneira imprevisível, onde não esperamos por elas. Quando elas se reúnem como matilhas e assim se manifestam, mais frequentemente, é bem longe de nós ou fora do espetáculo político que isso ocorre. Guardadas algumas exceções, as presenças e atuações das massas praticamente só têm acontecido nos estádios e nas arenas esportivas. O ruído das *multidões políticas* parece ter se extinguido pouco a pouco.

A dissolução da multidão política é contemporânea das tecnologias de comunicação de massa. Elas são responsáveis por acelerar consideravelmente esse processo. No bojo de sua consolidação, surgiu um novo modelo de orador, um estilo distinto de linguagem política e usos diversos de seu corpo e de seus gestos, de seu rosto e de sua voz. Desse modo, se desenvolveu uma tendência a mais ver do que a ouvir o orador político. Assim, em vários contextos, muitos de nós quase foram reduzidos a meros telespectadores: nós observamos sua imagem, a escrutinamos e notamos seus mínimos detalhes. Tudo isso em domicílio. Cada um em sua casa. A multidão política se dispersou, se fragmentou e se instalou na intimidade do *tête-à-tête* e na infinidade do cara a cara.

Todas essas formas de *living room politics* transformaram radicalmente os estilos da eloquência pública. Elas foram desterritorializadas e implantadas num lugar não mais de agrupamento, mas de estúdios e gravações, onde os únicos constrangimentos físicos são os dados técnicos: a luz, o som e a transmissão. Elas desestruturaram o dispositivo enunciativo que, desde sua origem, havia dado forma à interlocução política: a multidão desapareceu e é apenas evocada como uma lembrança que se apaga em duas fileiras de espectadores proposital e calculadamente alinhados num estrado do estúdio. Suprimidos os acasos e os perigos da multidão, as reações súbitas que poderiam surgir da assembleia se tornaram impossíveis. Essa nova forma de comunicação política também desfez muitas vezes os laços da eloquência que ligavam o orador e seu público, que estabeleciam certa conivência que os unia, que nutriam o apoio mútuo e que multiplicavam os clamores e os poderes das práticas de fala e de escuta em público. A comunicação midiática inscreveu a produção do discurso político num universo tecnológico de controle do corpo que fala, numa situação quase experimental de domínio da produção dos enunciados. Percebemos aqui o sentido desse processo: a substituição de um *médium* "quente" por um canal "frio", a supressão do contato direto com uma multidão, restrita, mas presente, em favor de uma relação abstrata com uma massa imensa, mas ausente.

Conforme dissemos, esse processo de desterritorialização, de abstração e de controle das condições de produção da fala política produziu consequências consideráveis sobre o estilo verbal e corporal dos oradores. Tornaram-se, então, flagrantes as diferenças entre a eloquência de outrora, aquela das tribunas de pronunciamentos e comícios, e as formas de fala pública que têm privilegiado progressivamente os *mass media*. Será necessário empreender aqui uma história detalhada, que colocasse em relação as transformações retóricas e as mudanças de comportamentos corporais com a série de inovações tecnológicas que compreendem a transmissão da fala humana a distância desde o final do século XIX e do início do século XX. Há assim um tipo de eloquência anterior à invenção do microfone e outra, posterior. Há ainda os efeitos dos procedimentos de gravação da voz sobre a produção dos discursos, na medida em que esses procedimentos abrem a possibilidade de uma escuta de si e de uma autocorreção. Há igualmente os efeitos das tecnologias da imagem sobre os estilos gestuais e corporais: neste caso, existe uma eloquência do corpo anterior ao cinema e um estilo cinematográfico, depois de sua emergência e consolidação. O que ocorreu com o cinema também ocorreu com a televisão e o advento de estilos de corpo e de fala televisivos. Os mecanismos de gravação, reprodução e transmissão da voz e do corpo humano em movimento cruzam e intensificam os efeitos promovidos por seu desenvolvimento: à eloquência total dos tribunos progressivamente sucedeu, no período do entreguerras, uma eloquência vocal, porque radiofônica. Esta última foi pouco a pouco substituída, a partir dos anos de 1960, por uma eloquência televisiva, cujas próprias formas evoluíram, se distinguindo cada vez mais da fala pública do tempo dos grandes eventos e comícios ou da época do rádio.

Pacificar o corpo e suavizar a voz

Qual é o sentido geral dessa evolução? Como vimos, os pronunciamentos se tornaram cada vez mais breves, devido a imperativos econômicos ligados ao custo do tempo de transmissão, mas também por causa da encenação de dispositivos de interlocução nos quais a interrupção, seja por um adversário, por um jornalista seja ainda por uma sequência de imagens, passa a ser cada vez mais frequente. Essa nova escanção do discurso e sua fragmentação mais curta e constante foi acompanhada de uma deriva retórica: os contornos que suspendem momentaneamente as exposições e as tornam mais lentas, as digressões que as fazem errar em certas direções antes de retomar seus principais caminhos, as acumulações que as tornam mais densas e, enfim, as figuras de amplificação que expandem os louvores e as censuras tendem a dar lugar às formas retóricas da supressão, da esquematização e das elipses. A parataxe é um luxo dispendioso, quando o tempo é minuciosamente contado e limitado. Mais genericamente, a ênfase foi substituída pelo eufemismo, as longas extensões ou os excessos de desenvolvimento pela concisão.

Podemos estender essa tendência retórica a reconfigurações da voz. Os volumes vocais e as tonalidades foram extraordinariamente reduzidos e adocicados, ao menos, desde o tempo em que Jean Jaurès podia se fazer ouvir sem microfone por dezenas de milhares de espectadores. Em si mesma, a voz era então um espetáculo. Uma ampla educação retórica da potência vocal fazia com que comícios e manifestações públicas se assemelhassem a uma ópera falada pelo elevado volume de voz, pelas altas intensidades melódicas e pelos amplos vales das ondas sonoras. Toda essa configuração vocal foi se apagando a partir da invenção da voz amplificada. Esse apagamento foi se tornando cada vez mais definitivo com as tecnologias da voz captada e transmitida. A intensidade foi reduzida a uma "justa" medida, as entonações foram adocicadas e a curva melódica desceu de suas alturas. Os efeitos do impacto da voz com os quais os tribunos populares, os frenesis e os contágios vocais das multidões que ocorriam nas aglomerações fascistas e as pesadas ameaças de uma voz enfurecida se dissiparam pouco a pouco em registros bem mais monótonos. As manifestações vocais do discurso político entraram na era dos sussurros.

Da mesma forma, as desmedidas dos gestos foram controladas. A teatralidade corporal dos grandes tribunos, a amplitude de seus gestos que acompanhava a veemência de suas palavras e o crescendo de suas vozes, enfim, os excessos cênicos da fala pública se transformaram em arcaísmos e incongruências no espetáculo político televisivo de nossos dias. A austeridade mecânica do corpo do orador fascista, tenha sido ele o corpo-máquina do *führer* ou o corpo hiperviril do *duce*, parecia não ser nada mais do que uma ameaça distante ou a lembrança de algo ridículo e risível. Isso não significa, contudo, que a história desse antigo cânone retórico e oratório dos grandes oradores enfáticos e viris tenha se acabado. A popularidade de Jean-Marie Le Pen e seus sucessos políticos e eleitorais indicam que a dimensão corporal de sua eloquência populista de extrema-direita ainda tem lugar e produz efeitos[98]. Em suas referências diretas e indiretas ao

---

98. A ascensão recente de líderes e movimentos populistas de extrema-direita em vários países do mundo no século XXI reavivou esse modelo do orador fascista hiperviril, ainda que não o tenha feito sem sensíveis modificações. A pro-

modelo do tribuno fascista, ela reativa repulsas, mas também atrações inscritas na memória coletiva que sobrecarregam os espetáculos políticos televisivos. Mesmo em circunstâncias de entrevistas e conversas na tevê, nas quais não ocorrem signos mais manifestos de hostilidade, resta sempre algo dessa dimensão corporal e dessas formas agressivas de expressão, tal como o efeito de violência contida.

Nas primeiras décadas do século XX, o universo totalitário viu aparecer dois estilos radicalmente distintos de usos do corpo e do verbo na fala pública. Não nos estenderemos em nossas observações a seu respeito, mas registramos que uma compreensão aprofundada de suas formas e fontes seria útil e necessária. Aqui, nos limitaremos somente a algumas indicações gerais. Entre elas, ressaltamos esta diferença essencial: o discurso político fascista se fundamentou numa retórica viril e apaixonada do corpo e da voz, que se assenta num paroxismo dos gestos e das entonações, enquanto o discurso stalinista desenvolveu rapidamente, pouco depois dos clamores da Revolução de Outubro, uma retórica do livro, composta de tons monocórdios, de rostos impassíveis e de um estilo frio e burocrático do texto cuidadosa e interminavelmente lido. Essa diferença foi acompanhada por estas outras: a violência militar e miliciana foi onipresente no fascismo, ao passo que no stalinismo essa foi geralmente substituída por pesadas formas da burocracia. O expressionismo teatral do tribuno fascista e a gravidade monótona da burocracia stalinista estão nas antípodas dos estilos de gestualidade política que foram progressivamente adotados nas democracias televisivas. A gesticulação excessiva e o clamor corporal do primeiro foram reduzidos a uma justa medida na tevê, porque aqui os gestos são contidos e mais esboçados do que exibidos. Na direção oposta, a morna impassibilidade e a eloquência cinzenta do segundo tiveram de se animar.

---

pósito dessa espécie de renascimento desse modelo oratório, cf.: VIENNOT, B. *A língua de Trump*. Belo Horizonte: Âyiné, 2020. • PIOVEZANI, C.; GENTILE, E. *A linguagem fascista*. São Paulo: Hedra, 2020.

Na maioria dos gêneros das transmissões políticas televisivas, os oradores políticos estão sentados. Forçado a uma quase-imobilidade por essa típica postura da conversação diante das câmeras, o corpo não poderia permanecer inexpressivo. O que é verdadeiro para o corpo, provavelmente o é com mais forte razão para o rosto e seus movimentos, porque eles são cruciais para as políticas da aparência. A proximidade do olhar que o escrutina proibiu os excessos de uma teatralidade das máscaras: ela amplificaria demasiadamente a pose facial e suas expressões e as transformariam em caricaturas e mímicas abusivamente carregadas. Mas essa proximidade interditou igualmente a imobilidade de um rosto de "madeira", de uma face fria e pouco expressiva. Nesse dispositivo, todos os rostos têm uma obrigação de expressão: são impelidos a mostrar à flor da pele os índices de uma emoção, simulada ou experimentada. Sua presença nas trocas verbais incidiu nos modos de sociabilidade corporal aos quais os oradores tiveram de se submeter: a televisão é o país do sorriso. Queiram eles ou não, os atores políticos devem aprender a controlar e a suavizar seus rostos.

Tais mudanças no regime de produção dos enunciados e dos gestos da eloquência política se explicam em boa medida por uma mutação do olhar introduzida pelas tecnologias de comunicação audiovisual. As práticas e comportamentos do corpo e de linguagem do orador tradicional são percebidas por um *olhar distante* da multidão que assiste a seu desempenho oratório. A amplitude do volume da voz, a intensidade das declarações e os largos movimentos do corpo tornavam aqueles oradores visíveis e audíveis. Amplitudes, intensidades e largas extensões que dão vulto e grandeza ao que fora reduzido pela considerável distância física. Elas pretendem percorrer os átomos agrupados da multidão humana, produzindo um corpo coeso e uma entidade política que possam marchar sob os estandartes de uma causa. Eis o paradoxo da eloquência do tempo das multidões: no próprio regime do olhar distante, entre o orador e aqueles que o escutam, há uma *distância próxima*.

O paradoxo se inverte na fala pública da era televisiva das massas: agora é um olhar extraordinariamente próximo que perscruta o rosto do homem político, assim como é uma atenção sonora extremamente fiel que ouve em detalhe cada frase e que pode conservar o registro de qualquer breve declaração. Os pequenos erros de comunicação, tais como os tiques mais ou menos discretos do rosto e os mais ligeiros dos lapsos, são aqui registrados e ampliados como se fossem observados com uma lupa. Podemos conceber o efeito dessa observação minuciosa sobre aquele que se encontra imerso nesse dispositivo: um esforço considerável do controle de si e a tentativa de um domínio absoluto da palavra, do corpo e da voz. Mais uma vez, as técnicas de comunicação de massa se fundam numa injunção bem mais antiga, que regula as condutas públicas e que as amplificam: os sujeitos precisam saber ser mestres de suas palavras e de seus gestos e devem exercer esse controle de uma maneira que esse esforço e esse trabalho sobre si sejam apagados[99]. Assim, cada detalhe de seu desempenho poderia ser considerado a perfeita definição de um comportamento "natural". Há, então, uma "naturalidade" televisiva, que consiste numa restrição essencial à produção e à boa recepção das mensagens políticas. Essa restrição vai impor uma pedagogia, por meio da qual as agências de *marketing* político buscarão ensinar essa "naturalidade" aos homens públicos[100].

Trata-se nesse caso da aprendizagem de um comportamento submetido a um *olhar próximo*. O orador teria, então, se aproximado do cidadão? A resposta deve ser nuançada,

---

99. Norbert Elias soube revelar em seu *Civilisation des moeurs* (op. cit.) fatores e aspectos fundamentais desse processo. Sua incidência na história do controle do rosto e da expressão foi tratada em *A história do rosto* (op. cit.).

100. Bongrand dá essa receita essencial em seu *Marketing político* (op. cit.): o sistema "SVM" ("Sejam vocês mesmos..."). Eis aí um exemplo flagrante de um aspecto fundamental dessa pedagogia da naturalidade.

porque é aqui que se inverte o paradoxo: na era das massas e das tecnologias audiovisuais de comunicação política, há uma *proximidade distante* entre o orador e aquele que o observa. Em primeiro lugar, existe uma grande distância entre o processo de produção dos pronunciamentos políticos na tevê e todos os telespectadores. Para estes últimos, o processo de produção é algo não somente distante, mas também invisível. Há nessa produção uma pesada e complexa tecnologia e uma encenação abstrata do orador político, rigorosamente controlada, inclinada a se ritualizar e desconectada de uma efetiva interlocução. Essa proximidade é ainda distante pelo fato de que, no outro polo desse processo, o olhar do telespectador perscruta muito de perto um rosto que não é mais do que uma imagem, uma face que não passa de uma aparência. É daí que decorre uma das críticas essenciais contra a política televisionada: a coisa pública não seria mais do que simples aparência, seria apenas puro espetáculo e vã comédia entrecortada por inserções publicitárias, com as quais a política se assemelha cada vez mais. Desde então, os políticos desempenhariam um papel incerto, porque seriam concebidos ora como heróis de folhetim ora como mercadorias a serem vendidas e compradas. Numa palavra, este seria o fim da política.

Teatro político e violência simbólica

Tudo isso nos conduz ao fato de que uma história das formas e das práticas contemporâneas de comunicação política se confronta com uma dificuldade inicial, que precisamos evocar, ainda que mais ou menos brevemente: o caráter polêmico do debate sobre as relações entre televisão, política e democracia.

Desde o fim da Segunda Guerra Mundial, vimos a possibilidade de uma ameaça direta à democracia no desenvolvimento da comunicação de massa. "Não somente a propaganda política, mas toda a publicidade moderna de massa comportava um elemento de ameaça à democracia", já afirmava

Hannah Arendt no início da década de 1950[101]. Nesses medos ressoam ainda os ecos da propaganda totalitária. Eles se situam nestes elementos da lógica dessa propaganda, tal como o indicam as análises desenvolvidas entre as duas guerras por Serge Tchakhotine em seu *Viol des foules*[102]: monopolização da informação, organização sistemática da mentira e lavagem cerebral generalizada, cuja forma mais bem-acabada foi dada no imediato pós-guerra pela distopia *noire* de George Orwell.

No entanto, a analogia entre propaganda totalitária e publicidade comercial não é precisa. Esta última não busca estabelecer um monopólio da verdade, tal como a primeira, mas supõe a existência de uma marcha estruturada pela concorrência. Há entre elas ainda uma diferença de estilo: as técnicas clássicas de propaganda política privilegiam a dramatização e a pedagogia; elas se fundamentavam em uma concepção behaviorista de comportamento, que era considerado como algo que poderia ser educado por um ensino muito repetitivo. De certo modo, no fim dos anos de 1950 nos Estados Unidos, a publicidade comercial deixou de ser pesada (*hard-selling*), para adotar um estilo mais doce, menos dramatizado e pouco didático (*soft-selling*), destinada, então, mais a seduzir as massas do que "violentar" as multidões. É esta lógica de comunicação comercial, com suas mensagens breves, simples e dialogadas, que Dwight Eisenhower e o Partido Republicano aplicaram com sucesso na confecção dos primeiros *spots* políticos, quando da campanha presidencial de 1952[103]. O desen-

---

101. ARENDT, H. *Le système totalitaire*. Paris: Seuil, 1972; publicado originalmente em 1951.

102. TCHAKHOTINE, S. *Le viol des foules par le propagande politique*. Paris, 1939.

103. A história e as formas de publicidade política nos Estados Unidos foram objeto de vários estudos. Entre outros, se destaca o trabalho fundamental de E. Diamond e S. Bates. *The Spot (The rise of political advertising on television)*. Cambridge: MIT, 1984. É possível conferir igualmente: CHESTER, E.W. *Radio, Television, and American Politics*. Nova York: Sheed & Ward, 1969. • NIMMO, D. *The Political Persuarders*. Englewood Chiffs: Prentice Hall, 1970. • GILBERT, R.E. *Television and Presidential Politics*. North Quincy: Christopher,

volvimento ulterior do *marketing* político, a tecnologização das campanhas e a constituição de uma indústria permanente de pesquisas de opinião no fim dos anos de 1960 nos Estados Unidos vão transformar a natureza das críticas: elas passam a denunciar não sem razão o custo exorbitante e, por conseguinte, as desigualdades desses novos modos de comunicação e a posição já dominante de especialistas que tratam a política como mercado e o cidadão como consumidor. Esta passagem de um conhecido texto de Pierre Bourdieu ilustra bem essa crítica:

> A vida política pode ser descrita na lógica da oferta e da procura: o campo político é o lugar onde se engendram, na concorrência entre os agentes que atuam nesse campo, os produtos políticos entre os quais os cidadãos ordinários, reduzidos ao estatuto de "consumidores", devem escolher. [...] "Em matéria de política, a desapropriação do maior número é correlato, ou até mesmo consecutivo, da concentração dos meios de produção propriamente políticos na mão de profissionais"[104].

No bojo dessas críticas, os mecanismos do "Estado-espetáculo" são descobertos. Eles compreendem uma "perversão" e uma "desnaturalização" da democracia, uma perigosa confusão de gêneros, em que a política se degrada numa teatralidade mercadológica[105]. A maioria dos críticos vê o espetácu-

---

1972. • ROSENBLOOM, D.L. *The Election Men*. Nova York: Quadrangle, 1973. • CHAGALL, D. *The New Kingmakers*. Op. cit. • BLUMENTHAL, S. *The Permanent Campaign*. Nova York: Simon and Schuster, 1982.

104. BOURDIEU, P. La représentation politique. *Actes de la Recherche em Sciences Sociales*, n. 36/37, fev.-mar./1981, p. 3, 5.

105. Cf.: SCHWARTZENBERG, R.G. *L'État-spectacle*. Paris: Flammarion, 1977. Essa temática surgiu nos anos de 1950 nos Estados Unidos e na segunda metade da década de 1970 na França. Fundada, tanto aqui como lá, sobre a desconfiança popular que pesa sobre a representação política, ela teve um impacto particular além-mar com o sucesso do trabalho de Joe Mac Guiness, *The selling of the President* 1968 (Nova York: Trident, 1969), que desmantelou as engrenagens publicitárias da campanha vitoriosa de Richard Nixon. Desde então, os desenvolvimentos dessa política-espetáculo alimentaram essa tendência das

lo político de massa como jogo de aparências, teatro e sedução, seja para reprovar essa condição seja para eventualmente louvá-la. A esta altura de nossa reflexão, devemos nos perguntar o seguinte: essa política do espetáculo midiático pode ser mesmo concebida como um teatro, se considerarmos que ela deu à luz formas de fala pública que romperam com aquelas de assembleias e comícios? Essas assembleias e comícios de outros tempos é que precisamente obedeciam a modelos tradicionais da teatralidade. Por essa razão, o teatro se tornou uma categoria anacrônica para compreender a representação política de nossos dias. Se a política mediatizada não mais é um teatro, ela teria, então, inaugurado a era do "Estado-espetáculo"? A arte de governar sempre soube tirar proveito da aparência, reconhecendo sua necessidade já na origem de uma reflexão moderna sobre a política:

> A um príncipe, pois, não é indispensável ter de fato todas as qualidades acima descritas, mas é imprescindível que pareça possuí-la; aliás, ousarei dizer o seguinte: tendo-as e observando-as sempre, elas são danosas, ao passo que, aparentando tê-las, são úteis – como, por exemplo, parecer piedoso, fiel, humano, íntegro, religioso, e sê-lo; mas é necessário estar com o espírito de tal modo predisposto que, se for preciso não o ser, o príncipe possa e saiba tornar-se o contrário[106].

---

críticas. Muito antes que qualquer político francês se atrevesse a cantarolar uma canção, desde 1970, o público norte-americano já acreditava que as personalidades políticas faziam parte do *showbusiness*. A partir dos anos de 1980, todo esse processo se intensificou bastante: enquanto um antigo ator era eleito presidente, um antigo presidente (Gerald Ford) e um antigo secretário de Estado (Henry Kissinger) se reencontraram em episódios da série *Dynasty*. Mike Dukakis fez uma efêmera aparição em *Street Elsewhere*. Ralph Nader, George Mac Govern e o prefeito de Nova York, Edward Koch, eram os convidados vedetes de *Saturday Night Live*, ao passo que Nancy Reagan encontraria um emprego em *Diff'rentStrokes*. A ficção ultrapassava a realidade...

106. MAQUIAVEL. *Le Prince*. Paris: Gallimard, 1962, p. 125 [trad. bras.: *O príncipe*. São Paulo: Companhia das Letras, 2010, p. 106]].

Governar é também saber mostrar e saber se mostrar. Nesse sentido, poderíamos dizer que o espetáculo político contemporâneo é mais mentiroso do que aquele do qual Versalhes era o faustoso teatro? A expressão "Estado-espetáculo" convém melhor ao século de Luís XIV do que à nossa era, que é a do "indivíduo-espetáculo". As luzes do espetáculo político jamais se apagaram... Mas, as sociedades e seus sujeitos, os cenários e os olhares se modificaram bastante.

A despeito dessas modificações, não poucos pensadores continuam a considerar que há *violência* na política televisiva. Mas o afrontamento midiático, mesmo que nele ocorram momentos de tensão dramática, é uma representação sob formas eufemizadas, distanciadas e codificadas da violência física. Nesse sentido, esse afrontamento se constitui como uma etapa desse longo processo de civilização dos costumes, que começou precisamente quando teríamos passado a nos sobrepor a adversários por nossos comportamentos, maneiras e expressões, quando ao derramamento de sangue se sucederam pouco a pouco as rivalidades da aparência e as concorrências retóricas. É a partir de então que setores da crítica identificam o que seria o mecanismo de uma outra violência: a "simbólica". Seu alvo seria o telespectador ordinário dessa competição política, porque ele estaria despojado de qualquer outro recurso que não fosse o da simples assistência:

> Com a autoridade de sua condição de ciência, a Ciência política tem contribuído para uma elevação suplementar no processo de eufemização da violência física que está sempre presente na luta política, mesmo que em estado latente e recalcado. Mas esse arrefecimento da violência física tem de pagar o preço de um reforço da violência simbólica. Esta última vem sob a forma da imposição de novas crenças, mais ou menos ilusórias, mas fortemente instaladas em consensos sociais, que tornam o uso da repressão e da agressão físicas menos necessárias[107].

---

107. CHAMPAGNE. Op. cit., p. 97.

A radicalização dessa crítica faz parecer que não haveria qualquer progresso de civilização nessa regressão da violência física, em favor da "violência simbólica". Do mesmo modo, segundo o ponto de vista de uma "sociologia científica", não haveria motivos para que preferíssemos a segunda à primeira: "Violência física e violência simbólica são complementares: uma não pode regredir sem que a outra progrida. As pessoas podem pensar que a regressão da violência física é um 'progresso da civilização'. Mas, elas se esquecem que o progresso tem um custo e seu pensamento passa ao largo das Ciências sociais"[108].

Um dos problemas dessa perspectiva é sua insistência em enxergar o telespectador apenas como um receptáculo passivo, que absorve como uma esponja as intenções estratégicas dos atores políticos. Por meio de reflexões teóricas e de experiências empíricas diversas, já se constatou que esse tipo de receptividade passiva é bastante rara nos vários setores do público telespectador ordinário. Entre outros fatores, sua atenção é composta de eclipses, distrações, desvios e desidentificações diante dos fluxos de imagens e discursos. O problema político maior de nossos tempos não nos parece ser tanto o da imposição violenta de uma verdade pelo espetáculo televisivo, mas, antes, aquele da considerável ampliação de certo sentimento de *indiferença* à representação política e de *desconfiança* em relação às suas efetivas vontades e capacidades de solução dos problemas sociais.

Essa perspectiva apaga ainda o sentido histórico do que se constituiu na civilização dos costumes. O distanciamento progressivo da violência física e o controle das pulsões agressivas são igualmente elementos da lenta gênese do sentimento democrático na sociedade civil. O desconhecimento desse fenômeno conduz ao equívoco de se conceber como equivalentes na esfera política a violência física inaceitável, mas, ao mesmo tempo, indispensável aos regimes autoritários, e a necessária

---

108. Ibid., p. 99.

imposição de controles coletivos e individuais das pulsões agressivas, sem as quais não haveria Estado democrático. Seria preciso, então, considerar que não é possível fazer uma distinção entre o entretenimento televisivo e a representação política? Ou deveríamos considerar que, se uma espécie de política da "sedução" se apossou do discurso político, tornando-o mais familiar e mais agradável ao cidadão, esse discurso passou a ser, antes, "o instrumento de uma política democrática de massa do que um novo ópio do povo"?[109] De nossa parte, cremos que não há maiores dúvidas de que a política midiatizada pode concorrer à sua maneira para a pacificação dos conflitos. Em contrapartida, estamos convictos de que é absolutamente imperioso que continuemos a questionar as novas formas de poder que se desenham nessa política. Além disso, é preciso que nossas críticas não se limitem a apreendê-las somente a partir das tradicionais concepções de alienação. É necessário que compreendamos *o império do efêmero* sobre os indivíduos, as ágeis tiranias da intimidade e da mobilidade e os discretos poderes da excitação, da incitação e da abundância. É necessário que analisemos os funcionamentos e efeitos dos estímulos, em vez de nos limitarmos somente às operações de interdição, e que examinemos as lógicas do excesso de informação, em vez de nos limitarmos aos mecanismos de censura. O aparelho audiovisual de informação não é em si uma garantia democrática, mas também não consiste na única ameaça à democracia. Esta última é um regime político, uma instituição social e um objeto de fundamental interesse para todos os cidadãos. Nesse sentido, a abordagem científica e crítica das formas televisivas de comunicação é uma questão política urgente. Por essa razão, as análises empíricas e a compreensão histórica desse fenômeno deveriam substituir os conflitos nem sempre bem fundamentados de interpretação.

---

109. LIPOVETSKY, G. *L'empire de l'éphémère*. Paris: Gallimard, 1987, p. 238 [trad. bras.: *O império do efêmero*. São Paulo: Companhia das Letras, 2009).

A conversa espetacular

No que respeita às práticas de linguagem de que tratamos aqui, a história da comunicação política na França, ao longo das últimas décadas, pode ser concebida como aquela do surgimento, do desenvolvimento e, finalmente, do triunfo desta forma: a conversa[110].

Com efeito, foi preciso esperar até a metade dos anos de 1960 para que a informação política, mantida sob estrito controle do poder do general Charles de Gaulle e dos gaullistas, fosse divulgada sob a forma dos debates televisivos. Porém, já desde o início daquela década, havia aspirações por uma informação mais livre, autônoma e pluralista, que suscitaram muitas discussões sobre esses e outros assuntos da sociedade, dos comportamentos e da linguagem. Datam desse período as primeiras emissões políticas da tevê com participantes que se inscreviam em posições antagônicas[111]. Os acontecimentos de Maio de 68 foram reveladores não só do grande poder político de que a televisão já estava investida, mas também e principalmente da tutela que o poder governamental exerceu sobre o que e como a tevê podia e não podia exibir das manifestações. Esses acontecimentos foram sucedidos por um período de relativa liberalização entre 1969 e 1972: a lógica comercial de diferenciação dos canais favoreceu o pluralismo e a multiplicação de programas de debates[112]. Em 1972,

---

110. A propósito desse ponto, sugerimos novamente o trabalho extremamente bem-documentado de Noël Nel: *A fleurets mouchetés (25 ans de débats télévisés)*. Op. cit.

111. Sob esse formato, a política invadiu pela primeira vez as telas francesas na campanha presidencial de 1965. Em 1966, surgiu o programa *Face à Face*, em que políticos eram entrevistados por jornalistas. Entre 1966 e 1968, o *En direct avec* inaugurava os duelos televisivos. Nos Estados Unidos, os debates ao vivo já tinham se tornado o principal formato da disputa política na campanha presidencial de 1960. Em boa medida, J.F. Kennedy deve sua vitória naquela eleição a um debate televisivo.

112. Eis alguns exemplos desses programas: *À armes égales* (de fevereiro de 1970 a abril de 1970). • *L'Avocat du Diable* (de fevereiro de 1970 a setembro

houve a retomada de controle por parte do poder autoritário: os primeiros momentos da história da conversa como prática de comunicação política refletem a complexa e problemática emancipação do aparelho audiovisual e a lenta e involuntária renúncia do Estado ao controle sobre a informação. As práticas de linguagem estão no âmago dessas transições de nossa história recente. Em princípio, elas tendem a privilegiar o modelo do desenvolvimento processual das exposições, suas relativamente longas argumentações e sua lógica de confronto verbal. Os padrões retóricos tradicionais, o aspecto mais ou menos professoral das intervenções e o caráter didático na apresentação das ideias são preferíveis ao que era considerado como o burburinho confuso das conversas[113]. As discussões à moda antiga ainda não eram concebidas como o novo e ideal modelo de comunicação. Foi somente com o afrouxamento da tutela política e com uma relativa mas progressiva autonomia dos jornalistas que o caráter dialógico das conversas recrudesceu e se consolidou. A prática da interrupção se tornou cada vez mais frequente e mais livre. Durante muito tempo e até então, os políticos foram de modo praticamente exclusivo os mestres do jogo, porque decidiam os assuntos de que pretendiam falar, as questões que deviam ser ou não formuladas. A partir dessa recente transformação, eles terão que lidar com essa emancipação das profissões de informação. *Grosso modo*, depois de sua circunscrição nessa condição de simples fantoches, de servos mais ou menos ze-

---

de 1970). • *Hexagone* (de abril de 1970 a setembro de 1972). • *Post-Scriptum* (de 1970 a 1971).

113. Num dos programas *L'Avocat du Diable*, Frédéric Rossif, diretor de cinema e documentarista francês, afirmou o seguinte: "Creio que será preciso retornar a certo cerimonial do discurso, a uma dramatização do verbo, e, assim, voltar a dar a devida dignidade às ideias bem explicadas, sérias e profundas". Já em sua participação no programa *Face a Face*, voltou a dizer algo semelhante: "Hoje em dia, todo mundo discute e ninguém se comunica como é preciso. Às vezes, nos apegamos às palavras, às vezes, não cuidamos de usá-las devidamente, e, assim, não conseguimos debater com profundidade" (apud NOËL. Op. cit., p. 34).

losos do poder e substituíveis ao sabor dos humores políticos, os jornalistas adquiriam pouco a pouco uma independência que lhes dava um estatuto de interlocutores mais confiáveis e de arguidores mais incisivos.

Em abril de 1974, ocorre o auge da progressiva retração do poder político e econômico do governo e do estado francês sobre o aparelho audiovisual. Assim, a televisão entra definitivamente na era da concorrência comercial e provoca uma inflação de programas pouco onerosos e mais ou menos populares: começa aí a era de ouro do debate. Ela se estende, se generaliza, se diversifica e se instala de forma irrevogável num pequeno intervalo. Os diálogos e os debates políticos se tornam gêneros clássicos e autônomos, para os quais as regras e os rituais foram elaborados e estabilizados mais ou menos rapidamente. A sucessiva supressão do monopólio audiovisual em julho de 1982 conduziu a uma universalização e a uma espetacularização do debate. Seus profissionais se tornaram astros da tela.

A partir daí se deu o triunfo do *talk-show* e da conversa espetacular. Ela é agora a forma reinante da comunicação política. Ela foi minuciosamente detalhada segundo as mais altas exigências que incidiram sobre os usos do discurso, do corpo e da voz. Mas, sua história é também aquela da transformação desses dispositivos cênicos: passamos, assim, de encenações que se inscrevem numa teatralidade do púlpito ou da exposição processual, sobre tribunas e palanques, nos quais um orador se encontra de pé e de frente para uma assembleia ou para um adversário..., para dispositivos intermediários, em que os oradores podem estar sentados frente a frente diante de uma mesa e separados pelos jornalistas mediadores, até os cenários de aspecto *doméstico*, nos quais os participantes estão no que parecem ser salas de estar, com sofás, mesas de centro etc. etc. Depois que esse ritual foi bastante bem-estabilizado conforme esse aspecto doméstico, ele praticamente se transformou no ambiente por excelência dos debates políticos. No ápice dessa mudança, o ritual se processa na própria casa dos políticos, nesse espaço não apenas doméstico, mas íntimo, em que o "bate-papo rola naturalmente"...

Uma política da vida privada

A partir de então, o personagem público estará em boa medida sob a sombra do indivíduo privado. A fala pública certamente continuou a fazer diagnósticos dos problemas sociais e econômicos, a traçar programas políticos e a anunciar ações de governo, mas cada vez mais ela também vai se constituir de murmúrios dos gostos literários ou culinários a um jornalista, que atua como um biógrafo, num tom de confidência. As boas questões políticas serão aquelas formuladas em domicílio, enquanto a câmera disseca os objetos íntimos, explora os detalhes pessoais e se volta infatigavelmente para o rosto dos políticos entrevistados. Em seus rostos, a câmera vai buscar esquadrinhar o que haveria de mais íntimo na dimensão interior dos indivíduos. Os últimos desenvolvimentos do espetáculo político submetem as pessoas públicas a novas exigências. Suas origens mais recentes surgiram na América dos anos de 1950 sob a forma dos "bate-papos" junto à lareira e suas presenças e importâncias não cessaram de aumentar desde então. Esse modelo invadiu as telas das tevês e se tornou um elemento essencial deste novo padrão do espetáculo político a partir da metade dos anos de 1970: uma *life-style politics*, uma *política da vida privada*, a exibição da intimidade doméstica e psicológica em que a política se banaliza nas pequenas coisas cotidianas, se enuncia nos assuntos ordinários e se dissemina nos ínfimos traços da fisionomia.

O discurso político passou a ser indissociável do espetáculo do corpo expressivo. Os *close-ups* sobre os rostos e as transições entre planos e sequências de imagens consistem agora num discurso paralelo e contínuo, que não apenas acompanha, mas praticamente constitui a dimensão verbal da conversa política. Nas transformações da publicidade política nos Estados Unidos, desde a década de 1950 e que se espalharam por boa parte do mundo, podemos observar que a encenação do corpo e do rosto se dá numa progressiva aproximação do olhar televisivo que os enquadra em planos cada vez mais fechados sobre o rosto e os movimentos expressivos da fisionomia. "O conselheiro de comunicação da campanha de Richard Nixon em 1968, Roger Ailes, depois de afirmar que antes os candidatos eram filmados em *spots* em planos quase idênticos aos das fotografias 3x4 do rosto, que focalizam desde seus tórax até mais ou menos umas de vinte a trinta polegadas acima de seu rosto, acrescenta o seguinte: 'Eu mudei esse estilo. Eu insisti nos planos bem próximos do rosto. Eu sabia que isso era isso que a televisão fazia de melhor, porque as pessoas querem se emocionar, quando assistem à televisão'"[114].

Esse é um dos resultados do processo de longa duração histórica da secularização do Estado. No interior desse processo, o advento da democracia política foi uma etapa essencial. O poder foi lentamente dessacralizado e suas representações foram se distanciando pouco a pouco das dimensões transcendentais e das formas hierárquicas e imóveis para se revestir dos aspectos mais seculares, mutáveis e pessoais. As figuras divinas e sobre-humanas das realezas foram progressivamente substituídas pelas expressões humanas e os dispositivos dialógicos e contratuais de comunicação sobrepuseram as estratégias autoritárias e monológicas do discurso. Esse processo encontrou nas tecnologias modernas e contemporâneas de linguagem e nas mídias de nossos tempos um modo de comunicação que produziu sua aceleração e sua radicalização, com base nesses seus próprios parâmetros de secularização. A eficácia da televisão deriva fundamentalmente de seus simultâneos efeitos de massificação e de individualização, porque suas mensagens são dirigidas a todos e da mesma maneira, mas também a cada um separadamente.

---

114. DIAMONDS, E.; BATES, S. Op. cit., p. 169.

A abstração, a desterritorialização, a homogeneização e a orientação unívoca da produção de mensagens políticas televisivas provoca um déficit de contato pessoal. Elas tornam necessária a personalização do discurso, reforçam a exigência dialógica, implicam uma encenação da intimidade e da convivência da troca conversacional e, assim, contribuem para a psicologização do espetáculo político. O discurso político se aproximou das formas de fala ordinária à medida que as condições de sua transmissão se tornavam mais abstratas, técnicas e impessoais.

Com a massificação das mensagens, a individualização dos discursos se intensificou. Esse paradoxo atravessa as sociedades de massa, assim como estrutura as formas midiatizadas de fala pública. Considerá-las, dessa forma, nos permite identificar o que podemos esperar delas, mas nos permite igualmente situar seus limites. Nesse ponto de sua evolução, compreendemos que o exame minucioso do corpo que foi posto num ponto extremamente próximo de nossa observação se tornou não somente um elemento essencial do regime do olhar contemporâneo, mas passou a ser também uma questão crucial do espetáculo político.

> A televisão oferece às pessoas a oportunidade de examinar seu candidato de perto, de examiná-lo até os ossos. Pela primeira vez, desde quando as cidades gregas praticavam a democracia, ela nos aproxima deste cenário ideal no qual cada eleitor tem a oportunidade de avaliar seu candidato por si mesmo[115].

A democracia consiste, então, num ideal de transparência corporal dos políticos. Mas, nessa transparência, a imagem se transformou em estratégia, as figuras da eloquência, em eloquência da figura facial. A decodificação da fisionomia se tornou o tema de um contínuo comentário político... Se a análise do discurso político se propõe a compreender seu

---

115. KENNEDY, J.F, apud DIAMONDS, E.; BATES, S. Ibid., p. 112.

objeto, sem ignorar as transformações contemporâneas pelas quais ele passou, ela poderia continuar a evitar o rosto, seus movimentos expressivos e seu papel decisivo nas relações entre sociedade, sujeitos e sentidos?

Corpo e discurso

> *A história moderna ocidental supõe em toda parte uma clivagem entre o discurso e o corpo (social). Ela faz falar o corpo que se cala. Supõe um descompasso entre a opacidade silenciosa da "realidade" que ela pretende dizer e o lugar onde ela produz seu discurso, protegido por um distanciamento de seu objeto. A violência do corpo somente alcança a página escrita por meio de uma ausência, pela mediação dos documentos com os quais o historiador pode ver na praia de onde se retirou a presença dos que ali foram deixados. É pelo murmúrio que uma imensidão desconhecida se faz ouvir, que ela seduz e ameaça o saber.*
> DE CERTEAU, M. *L'Écriture de l'histoire.* Paris: Gallimard, 1975, p. 9.

Foi com o objetivo de compreender as recentes mutações das discursividades políticas que paulatinamente se nos impôs a ideia de examinar a relação entre corpo e discurso nas formas da fala pública. Esse projeto estava inicialmente circunscrito à era contemporânea e à esfera política. Mas, ele se transformou, pela própria historicidade dos objetos com os quais nos confrontamos, numa investigação sobre as práticas e representações do rosto e da expressão a partir do século XVI. Eis aí um longo desvio, uma digressão imprevista e um feliz "acidente" da pesquisa, que deu origem a um conjunto de trabalhos nos campos da Antropologia cultural, da Semiologia histórica e, mais tarde, da História das sensibilidades[116].

---

116. É o que começamos a fazer com a edição de *l'Art de se taire* (1771) de Abbé Dinouart, Grenoble, J. Millon Éditions, 1987; e, depois, com nosso *His-*

Diante dos comentários que costumam ver no cálculo das aparências que constitui a fala pública contemporânea um modo radicalmente novo de comunicação política, antes de mais nada, vimos a necessidade de recordar a existência de uma longa tradição tanto de expressão do corpo quanto de seu controle. "Há no rosto uma espécie de eloquência silenciosa, que, mesmo sem agir, efetivamente age", afirma o Padre Louis de Cressolles num tratado de retórica jesuíta composto no início do século XVII[117]. Já Marin Cureau de la Chambre, em sua *Arte de conhecer os homens*, sustenta que "A natureza não deu somente ao homem a voz e a língua para ser o intérprete de seus pensamentos. Ela ainda fez seu rosto e seus olhos falarem"[118]. Finalmente, Jean Baptiste de la Salle, em seu tratado sobre a educação cristã, recomenda particular atenção à "composição do rosto de acordo com as circunstâncias em que cada um se encontra e com as pessoas com as quais se conversa"[119].

Na composição de nossos trabalhos sobre a expressão e o controle do rosto desde nossa entrada na era moderna até

---

toire du visage, que já mencionamos e que publicamos em coautoria com Claudine Haroche, cuja colaboração foi fundamental para a realização desses e de outros trabalhos. Na esteira desses trabalhos, surgiriam depois as obras *Histoire du corps* (3 vol. Paris: Seuil, 2006 [trad. bras.: *História do corpo*. 3 vol. Petrópolis: Vozes, 2008]), *Histoire de la virilité* (3 vol. Paris: Seuil, 2011 [trad. bras.: *História da virilidade*. 3 vol. Petrópolis: Vozes, 2013]) e *Histoire des émotions* (3 vol. Paris: Seuil, 2016 [trad. bras.: *História das emoções*. 3 vol. Petrópolis: Vozes, 2020), que organizamos com Alain Corbin e Georges Vigarello. Ainda há outras, tais como: *História da fala pública*, a que já nos referimos, e *Déchiffrer le corps: penser avec Foucault* (GRENOBLE, J. Millon Éd., 2012 [trad. bras.: *Decifrar o corpo: pensar com Foucault*. Petrópolis: Vozes, 2013]).

117. CRESSOLES, L. *Vacationes autumnales sive de perfecta oratoris actions et pronuntiatione*. Paris, 1620, p. 72. Uma análise desse tratado foi feita por Marc Fumaroli no capítulo "O corpo eloquente: *actio e pronuntiatio rhetorica* no século XVII", publicado na *História da fala pública*.

118. Cf. CUREAU DE LA CHAMBRE, M. *L'Art de connaître les hommes*. Paris, 1659, p. 2.

119. Cf. LA SALLE, J.B. *Les règles de la bienséance et de la civilité chrétienne*. Paris, 1703, p. 12.

o século XXI, examinamos tratados de retórica, manuais de fisiognomonia, obras de ciências naturais, de civilidade, de costumes e de artes da conversação. O exame dessas fontes nos permite determinar as inflexões nos fenômenos e problemáticas aos quais nos dedicamos, desde certo ponto de origem de nossos estudos: passamos de uma análise linguística do discurso para um trabalho histórico sobre a articulação entre o discurso e o corpo em práticas de linguagem. No bojo dessa passagem, o curto período de uma sincronia foi sucedido pela longa duração histórica de um processo. De modo análogo, um pensamento sobre o assujeitamento do sujeito do discurso foi substituído por um conjunto de relações complexas, nas quais as estratégias políticas e os mecanismos de poder estão imbricados na sociabilidade cotidiana, nas formas de vida civil, mas também nas sensibilidades e nas resistências subjetivas. Todos os textos dessas fontes dizem e repetem o seguinte: o rosto fala. Por meio do rosto, é o indivíduo que se exprime ou que se cala na sociedade.

As linguagens do rosto: uma semiologia histórica

O projeto ultrapassou amplamente o quadro inicial de sua concepção[120]. Com efeito, uma história do rosto surgiu mediante nossas reflexões sobre o sucesso dos manuais de civilidade, sobre o ressurgimento da fisiognomonia e da *actio* retórica no decorrer do século XVI. Essa história indica claramente uma mudança profunda nas práticas de linguagem.

---

120. Esse último, no entanto, não foi esquecido e será objeto de trabalhos posteriores cujos elementos introduzidos no capítulo III constituem um primeiro esboço, tal como desenvolvemos em *História da fala pública*. Para tanto, foi preciso estudar as formas e as práticas de comunicação política desde a Revolução Francesa. Uma série de desenvolvimentos a partir de *Art de se taire* e de *Histoire du visage* seguiu nessa direção: o controle da expressividade corporal na eloquência, os usos individuais e sociais do rosto na fala pública, o desenvolvimento da exigência da conversação como legítima prática de linguagem, bem como os usos do olhar, do silêncio na política.

Com a dissolução da sociedade medieval se desenvolveu um conjunto de práticas e saberes, tais como artes da linguagem, do corpo e da conversação e diversas observações do rosto e do gesto, que postulavam a necessidade de controle da expressão, que foi gradativamente substituindo as forças obscuras e as marcas gravadas do destino, o silêncio da presença divina, os impulsos repentinos e inarticulados do corpo, as relações ditadas pela origem e as trocas desejadas pela tradição.

Em suma, essas práticas e saberes impuseram a racionalidade de um *paradigma da expressão*. Aqui, corpo e linguagem são indissociáveis: tal como o verbo, o corpo é expressão subjetiva, relação social de comunicação e linguagem "natural" da alma. Como afirma Cureau de la Chambre: o corpo é "toda alma que se espalhou para fora". O corpo individual se tornou cada vez mais percebido como um discurso, penetrado por uma racionalidade linguística que dá sentido a suas atitudes, a seus gestos e a suas posturas. A partir da consideração do que se afirma sobre essa linguagem do corpo, a *Histoire du visage* mostrou as lógicas e as transformações da expressão facial a partir dos séculos XVI e XVII.

De fato, esse processo de constituição do corpo como discursos que se materializam e como textos que se decifram consistiu numa *individualização progressiva pela expressão*. A história da fisiognomonia revela, em particular, que as "leituras" do rosto vão atribuir um significado crescente aos signos moventes e efêmeros de expressão, ao passo que, desde suas origens, elas somente se preocupavam com os traços estáveis e permanentes da face: ou seja, com as marcas dos astros e com as impressões divinas inscritas definitivamente sobre a fisionomia[121]. Gradativamente, no decurso do século XVI e XVII, todos os movimentos do corpo individual parecem ter sido carregados de significado. Eles adquirem o valor de sinais no interior de um código de comunicação tanto verbal quanto corporal cuja necessidade compartilhada assegura a

---

121. Cf. *Histoire du visage*. Op. cit., primeira parte.

individualização e a socialização por meio da expressão dos membros da sociedade civil. Assim, as expressões faciais, as posturas e as palavras se tornam cada vez mais responsáveis pela construção de um vínculo social essencial, mas se tornam igualmente traços individuais e singulares. No século XVIII, essa *personalização* do rosto se intensifica ainda mais: o discurso do rosto se torna uma linguagem interior, fugaz, sensível e sentimental. Nessa linguagem, se identificam os índices cada vez mais sub-reptícios, os movimentos cada vez mais tênues e as oscilações cada vez mais efêmeras. O corpo é, então, lentamente separado do tempo imóvel e do universo cósmico ou divino para produzir sentido num período mais curto e numa linguagem mais complexa e pessoal. Esse tempo é mais humano e essa linguagem, mais individual: "Num indivíduo, cada instante tem a sua fisionomia, a sua expressão", dirá Diderot nesse novo contexto.

Independentemente da discussão histórica sobre o fundamento dos resultados desse processo, sua consideração abre uma perspectiva para a qual a *Histoire du visage* indicou simultaneamente a importância e a necessidade: a de uma *semiologia histórica*. Com efeito, há um considerável consenso sobre a ideia de que o corpo "fala", de que os gestos significam e de que o rosto é um "texto" que pode ser interpretado. Nesse sentido, vimos também se multiplicarem as problemáticas da comunicação não verbal: trata-se, desde então, de conceber a dimensão silenciosa dos gestos, o discurso mudo das posturas e a discreta linguagem das expressões faciais a partir de pressupostos etológicos que aproximam a observação das condutas humanas do comportamento animal[122]; ou de análises microssociológicas que lhes atribuem um sentido no tecido cerrado das formas corporais da sociabilidade e das ritualidades gestuais do cotidiano[123]; ou ainda de perspectivas

---

122. Cf., p. ex.: BROSSARD, A.; COSNIER, J. *La communication non verbale.* Neuchâtel: Delachaux e Niestlé, 1984.

123. Cf. esp. GOFFMAN, E. *Les rites d'interaction.* Paris: Minuit, 1974.

antropológicas que desejam ver na linguagem não verbal uma codificação universal das emoções ou, provavelmente, ainda pior, que tentam detectar indícios da verdade ou da mentira nessa linguagem[124].

Em que pesem algumas diferenças, esses diversos pontos de vista têm em comum o fato de elaborar semiologias da linguagem corporal que se distanciam da historicidade da expressão. Mas uma semiologia do corpo como sistema significante é mesmo possível fora de uma semiologia histórica? As decifrações do corpo a partir de seus sinais manifestos são profundamente distintas, quando realizadas por um clarividente ou por um médico antigo, por um fisiognomonista da Idade clássica, por um naturalista moderno e por um psicanalista contemporâneo, ainda que possam apresentar certas analogias muito genéricas. A *História do rosto* salienta essas diferenças: as marcas gravadas na fisionomia ressaltadas por Girolamo Cardano, as figuras faciais das paixões pintadas e destacadas por Charles Le Brun, o vivo movimento dos sentimentos ressaltado por Jean Gaspar Lavater, o reflexo das emoções observado por Charles Darwin e os sintomas de uma linguagem inconsciente que se manifesta no corpo indicados por Sigmund Freud não são sinais da mesma natureza nem tampouco permitem o mesmo tipo de interpretação. Esses diferentes signos não supõem uma mesma posição para quem os observa nem uma mesma identidade de quem os produz. Do mesmo modo, a afirmação vaga e geral segundo a qual o rosto "falaria" assume sentidos distintos no processo de longa duração histórica em que, pouco a pouco, o corpo foi se constituindo como signos diversos: em primeiro lugar, o rosto como o livro no qual Deus imprimia seus mandamentos e

---

124. Foi para essa direção que derivaram os trabalhos de P. Ekman, que passaram de discussões pós-darwinistas sobre a universalização da expressão das emoções para uma série de manuais práticos de "desmascaramento" de conteúdos secretos e mentirosos das mensagens de diferentes esferas sociais (cf., em particular: *Telling lies: clues to deceit in the marketplace, politcs and mariage*. Nova York: Berkeley Books, 1985).

os astros depositavam a sua marca eterna, no qual se podia ainda ver o reflexo das semelhanças com os animais; mais tarde, o corpo se submeteu ao império de figuras e de posturas verbais, faciais, gestuais e vocais por meio da retórica; tempos depois, a *linguagem* passou a traduzir no rosto a singularidade e a sensibilidade do indivíduo; em seguida, o *organismo* corporal, a língua e os lapsos começaram a manifestar sintomas do inconsciente; por fim, a problemática conjunção entre o sujeito e seu corpo procurou no *discurso* um lugar para se situar.

O corpo e o rosto são objetos históricos e culturais cujas percepções estão associadas ao registro da *expressão*, às práticas e representações da linguagem e às transformações destas últimas. Foi seguindo as mutações dos regimes do corpo como sistema significante em diferentes condições históricas de produção que emergiu a perspectiva de uma semiologia histórica, justamente no ponto em que o projeto de uma história das mentalidades atravessa o de uma semiologia geral. Essa é uma das formas de que se pode revestir o encontro entre as preocupações dos historiadores que tomaram o corpo como objeto e os interesses dos linguistas que não consideram o projeto de uma semiologia, inscrita na definição original de sua disciplina, como algo utópico, obsoleto e alheio ao campo de suas investigações: "o problema linguístico é, antes de mais nada, um problema semiológico e todos os desenvolvimentos da Linguística se relacionam com esse fato tão importante"[125].

Conversação e silêncios: uma história de práticas de linguagem

A importância da expressão pelo corpo e pelo rosto aumentou e se modificou, conforme demonstramos em nossa análise de tratados de fisiognomonia e de outras fontes. Essa expressão e sua crescente importância é indissociável da

---

125. SAUSSURE, F. *Cours de linguistique générale*. Paris: Payot, 1971, p. 34-35 [trad. bras.: *Curso de Linguística Geral*. São Paulo: Parábola, 2021]).

linguagem, em particular, nestas práticas que vão se constituir como um dos principais fundamentos da sociedade civil entre os séculos XVI e XVIII: *a conversação*[126]: "Qualquer um que observe a interpretação que pode ser feita da palavra *homem*, que em grego significa 'o que ama estar junto de outros', logo verá que ninguém pode ser, de fato, humano sem se comunicar com os outros humanos"[127].

Artes da conversação, tratados de cortesia e decoro e ainda manuais de civilidade desenham o ideal e prescrevem as regras de uma sociedade de linguagem na qual o corpo nunca está ausente. Essa sociedade é atravessada por injunções paradoxais sob vários aspectos e as restrições sociais se reforçam e se interiorizam: a prática da conversação instaura, progressivamente, reciprocidades, a exigência de diálogo se aprofunda com o sentimento dos respeitos devidos a outrem; o homem que conversa deve se consagrar aos outros. Tudo isso não ocorre sem um controle reforçado e sem uma elevada vigilância em relação aos comportamentos e às contenções corporais. Mas, ao mesmo tempo, a individualidade progressivamente se afirma e as condutas se "privatizam". O homem que conversa deve se consagrar também a si mesmo. Essas exigências paradoxais se inscrevem na materialidade das práticas e das falas, dos gestos e das posturas. Elas reivindicam de cada um uma espécie de desdobramento psicológico, um desprendimento de si próprio, tal como soube bem exprimir Chevalier de Méré:

> Eu estou convencido de que em muitas ocasiões não é inútil olhar para o que fazemos como se estivéssemos numa comédia e imaginar que estamos atuando como um personagem de teatro. Esse pensamento pode impedir os excessos das paixões de nosso coração e pode nos dar, em seguida, uma liberdade de linguagem e de ação que não costu-

---

126. Cf. *Histoire du visage*. Op. cit. cap. IV.

127. GUAZZO, S. *La civile conversation*. Paris, 1592, p. 38.

mamos ter quando somos perturbados pelo temor e pela inquietude[128].

Essas exigências paradoxais impõem ainda uma duplicação de tarefas. Por um lado, tendem a fazer das atitudes e dos movimentos expressivos do corpo um discurso contínuo e silencioso, *paralelo* à expressão verbal e, ao mesmo tempo, inseparável deste último. Por outro, tais atitudes e movimentos podem ser substituídos por práticas de retirada de si, por uma presença mínima e muda do indivíduo em suas relações sociais da linguagem:

> Eu conheço muitas pessoas que têm certa virtude de conseguir se mostrar muito atentas aos discursos dos outros com seus olhos e sua face, com seus gestos e outros sinais exteriores, mesmo quando pensam em outras coisas, de tal modo que ao mesmo tempo elas são presentes e ausentes e satisfazem simultaneamente aos outros e a elas mesmas[129].

A análise das práticas e representações do corpo no desenvolvimento da conversação nos conduziu à elaboração de uma história das técnicas de silenciamento do corpo expressivo: há maneiras de se calar que são formas de falar[130]. Codificadas pela *actio rhetorica* da eloquência antiga, que renasceu e que vigorou na retórica do púlpito aproximadamente entre 1570 e 1625, posturas, gestualidades e figuras mudas do corpo do orador religioso vão paulatinamente se secularizar e inspirar os rituais profanos da civilidade. Eles materializam uma exigência essencial à sociedade civil: é preciso saber se conter, se dominar, se calar, mas, sempre, trazer no rosto um ar expressivo. O jesuíta e gramático Dominique

---

128. MERE, C. *Oeuvres complètes* (1668). Tomo III. Paris: Fernand Roches, 1930, p. 379.

129. GUAZZO, S. Op. cit., p. 397.

130. Conforme indicamos em *L'Art de se taire* (op. cit.) e em *Histoire du visage* (op. cit., cap. V).

Bouhours soube condensar esse paradoxo nesta fórmula: "na sociedade é necessário ter a boca fechada e o rosto aberto"[131].

Definitivamente, quer esses rituais seculares venham da tradição da civilidade cristã quer venham dos tratados de decoro e boas maneiras das cortes, os preceitos de civilidade que eles compreendem proíbem que os dois registros do corpo e da linguagem, assim como os do silêncio e da fala, sejam concebidos separadamente. O corpo é discurso e o silêncio ainda é fala. É nesse sentido que as "artes de se calar" continuam a ser "artes de falar". Como toda tradição retórica, essas artes têm seus princípios e suas regras.

Artes da conversação e técnicas do silêncio: dois objetos de uma *história das práticas de linguagem*[132]. Essa história se constitui como outro percurso em que os caminhos dos historiadores e dos linguistas podem se cruzar. Não se trata aqui de uma história da língua, embora alguns dos fatos coletados por esta última possam ser preciosos para a compreensão histórica das práticas de linguagem. Também não se trata de uma história das teorias linguísticas, cuja orientação segue fundamental e muito produtivamente a história linguística. Trata-se, antes, de conceber, no interior desta última, a historicidade das práticas de linguagem, nas quais a linguística encontra alguns de seus objetos: o sujeito da enunciação, a estrutura da interlocução, os atos de fala, a *performance*, as diferentes formas de dialogismo, as diversas situações de comunicação, os vários tipos e gêneros de discurso... Esta história pode ser a das *maneiras de falar*: uma história da enunciação e das posições enunciativas; uma história das condições

---

131. BOUHOURS, D. *Les entretiens d'Ariste et d'Eugène*. Paris: La Veuve Delaulne, 1734, p. 252.

132. Essas práticas de linguagem compreendem atos, gestos e discursos da expressão, mas esse termo não pressupõe aqui nenhuma "filosofia da expressão" nem tampouco um retorno a qualquer estilística. De fato, ele se refere à indissociabilidade do corpo e do discurso nas práticas de linguagem e enfatiza a importância da dimensão corporal na produção social e histórica da comunicação, das subjetividades e dos sentidos.

de possibilidade do discurso; uma história da conversação e de seus dispositivos, que, por sua vez, encontraria a história da constituição e das transformações da sociedade civil; uma história do corpo expressivo e de suas técnicas, que compreenderia uma arqueologia dos silêncios e dos olhares; uma história das instituições de linguagem e das técnicas de discurso; uma história das esferas pública e privadas da fala, que também seria a do incessante movimento das fronteiras que as separam; e, finalmente, uma história dos tipos e dos gêneros do discurso, cujos desenvolvimentos acima mencionados constituem o esboço de uma arqueologia das formas de comunicação política.

Podemos encontrar importantes elementos dessa história, cujos domínios ainda precisam ser inventariados e cujos limites ainda precisam ser circunscritos, nos trabalhos de Norbert Elias, de Michel Foucault, de Jürgen Habermas e dos historiadores que se dedicam a uma história das mentalidades consideravelmente renovada e que exploram particularmente as sensibilidades do corpo, os processos e experiências que constituem os indivíduos, os rituais do cotidiano e as formas da vida privada. A contribuição a esse conjunto de trabalhos aportada pelos linguistas, que se preocupam com a história, até agora foi discreta. Mas, ela nos parece necessária e muito promissora. Por essa razão, gostaríamos de concluir estas nossas reflexões e análises com a indicação de um exemplo de uma prática de linguagem singular, que consiste num ponto de articulação bastante particular entre corpo e discurso: a glossolalia.

As glossolalias: uma antropologia histórica da voz

Insistimos sobre este ponto em várias retomadas: corpo e discurso são histórica e culturalmente indissociáveis. Mas sua relação é complexa e assume diversas formas.

Desse modo, se nos voltarmos assim para a fisiognomonia e suas representações do corpo, assim como para o discurso médico, o da anatomia, o da retórica, podemos afirmar, primeiramente, para simplificar essas complexas e diversas relações entre corpo e discurso que o corpo está imerso *na* linguagem: saturado de signos, como se fosse um "código à espera de decifração", ele obedece a um modelo de leitura do discurso e a uma racionalidade linguística da interpretação de um texto. O corpo é, então, um espaço de conversão do olhar em discurso, de conversão do corpo "visto" em corpo "sabido", nos termos de Michel de Certeau, que ainda sustenta o seguinte:

> A medicina moderna é uma imagem decisiva desse processo, a partir do momento em que o corpo se torna um quadro *legível* e, consequentemente, traduzível naquilo que se pode escrever num espaço de linguagem. Graças ao desdobramento do corpo, diante do olhar, o que dele é visto e o que dele é sabido pode se superpor ou se intercambiar (se traduzir). O corpo é um código à espera de decifração. Do século XVII ao XVIII, o que torna possível a convertibilidade do *corpo visto* em *corpo sabido*, ou da organização *espacial* do corpo em organização semântica de um vocabulário – e vice-versa –, é a transformação do corpo numa extensão, numa interioridade aberta como um livro, a transformação do corpo num cadáver mudo que se oferece ao olhar[133].

Em segundo lugar, se considerarmos o espaço das práticas de linguagem, entre as quais as da civilidade e da conversação, constataremos que o corpo é concebido, ao mesmo tempo, *como* uma linguagem e *com* a linguagem. Como o discurso, o corpo está submetido a uma obrigação prática de se expressar; com o discurso, ele acompanha a fala num registro paralelo indispensável a esta última. Eis a indicação deste

---

133. DE CERTEAU, D. Op. cit., p. 9. Por seu turno, Foucault empreendeu uma reconstituição histórica das formas dessa conversão do olhar em discurso em *Nascimento da clínica*. A primeira parte da *Histoire du visage* se inscreve nesta perspectiva de uma arqueologia do olhar.

profissional e teórico da boa conversação: "Somente conseguimos agradar os outros numa conversação, se acompanharmos o que eles dizem com um ar bastante receptivo"[134].

Assim, contrariamente aos pressupostos de muitos observadores da comunicação não verbal e ainda contrariamente à convicção de vários terapeutas "corporais": *não há corpo fora da linguagem*. O corpo não é um objeto primeiro, como se fosse algo primitivo, cujos elementos, fenômenos e funcionamentos pudessem ser simplesmente reduzidos à anatomia e à fisiologia, de modo que seria suficiente aliviá-lo do peso da linguagem e despojá-lo do verbo, da história e da sociedade, para revelar o puro interior do sujeito, para chegar à verdade que se dissimulava até então e para, finalmente, liberar o desejo que a fala restringia. O corpo é tecido de linguagem e somente existe em sua relação com esta última. Mas, há nele algo que permanece obstinadamente e que se situa, ao mesmo tempo, *aquém* e *além* do discurso. A multiplicação das exegeses do corpo, tal como a proliferação das práticas que o constrangem, por sua proliferação e por sua insistência, indica espaços vazios e silenciosos: no espaço *aquém*, se torna possível a produção do discurso, porque a fala provém do corpo, porque é nele que ela encontra sua condição de possibilidade subjetiva e orgânica; já no espaço *além*, o corpo acaba por escapar à interpretação, à rede discursiva que o enreda e ao circuito dos gestos que ele articula. Dessa forma, em relação à linguagem, o corpo é ainda o lugar de uma origem silenciosa da fala e a instalação de um resto indizível do discurso. O corpo é algo que existe antes de falarmos e algo que permanece depois que nos calamos.

> O corpo é o limite onde o saber tropeça e pode parar. Onde tropeça igualmente todo discurso. O corpo emite a fala, mas ambos carregam consigo

---

134. VAUMORIERE, P. d'O. *L'art de plaire dans la conversation*. Paris: Jean & Michel Guignard, 1688, Entrevista I, p. 17.

uma boa dose do indizível. A fala do corpo, cujo menor murmúrio pode fazer tremer a ordem do mundo, que veio de nossa boca é também um silêncio inominável, embora cheio de rumores e de grunhidos, de queixas, de palavras de amor e até dos últimos termos e suspiros de quem agoniza[135].

A partir dessa reflexão, podemos mais bem abordar a singularidade da glossolalia entre as práticas de linguagem: ela é a impossível tentativa de articular esse *além* do discurso ao *aquém* da fala, é esse excesso indizível na voz. É nesse sentido que o exame mais geral das diversas formas e figuras nas quais o corpo se ata à linguagem na cultura ocidental pode e deve se interessar pela glossolalia. Com efeito, esse interesse reside no fato de que ela ultrapassa o campo dos discursos, ao menos quando estes últimos são concebidos por certas linguísticas nos limites de uma língua[136]. A emergência de um paradigma formal e técnico da comunicação a partir da segunda metade do século XIX, no interior do qual a linguística saussuriana é um dos elementos, teve como efeito uma dessubstancialização da voz humana numa teoria do signo; isto é, teve como efeito uma *descorporificação da língua*. O corpo se tornou exterior à língua, a língua, estrangeira à voz, e a glossolalia, alheia ao domínio da reflexão dos linguistas, embora esta última não tenha cessado de lhes produzir efeitos de fascinação.

De tudo isso derivou a renovação de nosso interesse: a compreensão desse tipo de prática de linguagem é impossível fora do trabalho e do espírito interdisciplinar, para os quais estas páginas constituem uma defesa. Os problemas colocados pela história e pela estrutura dos fenômenos de glossolalia são

---

135. PETER, J.-P.; REVEL, J. *Le corps: l'homme malade et son histoire, dans faire de l'histoire*. Tomo III. Paris: Gallimard, 1974, p. 247-248.

136. A propósito dessas questões, cf. novamente o n. 91 da revista *Langages*, Paris, set./1988, e, no interior dessa edição da revista, o artigo Les silences de la voix (histoire et structure des glossolalies, p. 7-26.

tais que somente podemos abordá-los por meio da interlocução entre historiadores, linguistas, psicanalistas, especialistas em poética... De fato, com o que as práticas contemporâneas da glossolalia estão relacionadas? Elas estão disseminadas por domínios distintos, porque envolvem dimensões religiosas, patológicas e/ou poéticas; e estão espalhadas pelas margens das instituições, porque não se encerram em aparelhos eclesiásticos, clínicos, científicos ou literários. Além disso, parece não haver ligação entre elas nem necessidades unívocas em suas emergências. Encontramos aqui esta mesma indeterminação, ao considerarmos a história dessas práticas instáveis, fluídas e intermitentes de linguagem: a história da glossolalia é a de múltiplos desaparecimentos, de repentinos apagamentos, mas também de efervescências bruscas e de renovações enigmáticas.

Esse diagnóstico permite salientar a necessidade de um trabalho propriamente linguístico como importante elemento de uma história das práticas da linguagem: é necessário distinguir sobre uma base formal, a que podemos acessar pelos arquivos que estão disponíveis, as diversas manifestações históricas da glossolalia e, assim, evitar os erros de interpretação. A glossolalia religiosa pentecostal contemporânea não é da mesma natureza que a glossolalia espírita de Hélène Smith, que, por sua vez, não deve ser confundida com as diferentes emergências de enunciações místicas dos séculos XVI e XVII.

As práticas, as enunciações e os enunciados da glossolalia constituem assim os restos dispersos de uma história silenciosa e quase inaudível, na qual os arquivos e os discursos frequentemente silenciam ou sufocam os rumores difusos e subjetivos. Esses esparsos, silenciados e sufocados fragmentos podem e devem se tornar objeto de uma *antropologia histórica da voz*. Novamente, nos esforçamos aqui para tentar converter o corpo em discurso: as exegeses religiosas, psiquiátricas e linguísticas dos sonoros enunciados da glossolalia são acionadas para substituir uma suposta selvagem oralidade por uma pretensa urbanidade da escrita, para transformar a emoção em razão, para traduzir o sem sentido em representações significantes e, finalmente, para submeter o impulso da voz à ordem do signo. Nestas páginas e em outros estudos[137] buscamos mostrar que a escrita sobre a glossolalia não deve ser a tentativa de fazê-la se calar. Ouvir o corpo que sussurra na voz e, nessa escuta, o que dizem os falantes e a própria glossolalia, é um questionamento infinito sobre nossos atos de fala e sobre o fato de que somos em larga medida o que e como falamos.

---

137. Cf., entre outros, COURTINE, J.J. Saussure no centro espírita: a escuta do sujeito da enunciação na glossolalia (*Saussure, o texto e o discurso*. São Paulo: Parábola, 2016, p. 203-220) e o já referido n. 91 da revista *Langages*, que organizamos e que foi integralmente dedicado às glossolalias.

As tradutoras e os tradutores

Allice Toledo é professora-adjunta da Faculdade de Letras da Universidade Federal de Goiás (UFG) e pesquisadora do Laboratório de Estudos do Discurso (UFSCar). Faz pós-doutorado na Universidade Federal de São Carlos. Doutora em Linguística pela UFSCar, com estágio de doutorado na Universidade Sorbonne Nouvelle/Paris III. Graduada em Letras e mestra em Estudos linguísticos pela Universidade Federal de Goiás, desenvolve pesquisas da história do português brasileiro e sua relação com questões étnicas e linguísticas nos campos da Análise do discurso e da História das ideias linguísticas. É autora de vários capítulos de livros e de artigos científicos publicados em periódicos especializados.

Carlos Piovezani é professor-associado da Universidade Federal de São Carlos e pesquisador do CNPq. Coordena o Laboratório de Estudos do Discurso e o Grupo Análise do discurso e História das ideias linguísticas. Entre suas publicações se destacam: *A voz do povo: uma longa história de discriminações* (Vozes, 2020), *A linguagem fascista* (Hedra, 2020), *Discurso e (pós-)verdade* (Parábola, 2021), *Saussure, o texto e o discurso* (Parábola, 2016), *História da fala pública* (Vozes, 2015), *Presenças de Foucault na Análise do discurso* (EdUFSCar, 2014), *Legados de Michel Pêcheux* (Contexto, 2011) e *Verbo, corpo e voz* (Editora Unesp, 2009). Foi professor-convidado na Ehess/Paris e professor-visitante na Universidade de Buenos Aires.

Carlos Turati é professor-adjunto da Universidade Estadual do Mato Grosso do Sul (Uems) e pesquisador do Laboratório de Estudos do Discurso (UFSCar). Foi professor na Universidade Estadual de Minas Gerais e do Instituto Federal do Sul de Minas. Doutor em Linguística pela Universidade Federal de São Carlos, com estágio de doutorado na Universidade Sorbonne Paris Norte. É autor de *O discurso do outro na notícia: gênero do discurso, fotografia e objetividade* (Pedro & João Editores, 2016), organizador, entre outros, de *Palavras e contrapalavras: enfrentando questões da metodologia bakhtiniana* (Pedro & João Editores, 2012), além de ter publicado vários capítulos de livros e artigos científicos.

Denise Leppos é professora da Rede municipal de Ensino de São Carlos e pesquisadora do Laboratório de Estudos do Discurso (UFSCar) e do Centro de Pesquisas sobre os países lusófonos da Universidade Sorbonne Nouvelle/Paris III. Doutora em Linguística pela Universidade Federal de São Carlos, com estágio de doutorado na Universidade Sorbonne Nouvelle. Graduada em Letras pelo Centro Universitário de Votuporanga e mestra em Linguística pela UFSCar, desenvolve pesquisas sobre os discursos censurados, a ditadura brasileira, o teatro de Plínio Marcos e questões da educação básica. Entre suas publicações se destacam: *Múltiplas perspectivas em Análise do discurso* (Pedro & João Editores, 2018) e vários capítulos de livros e artigos científicos publicados em periódicos especializados.

Joseane Bittencourt é doutora em Linguística pela Universidade Federal de São Carlos, com o estágio de doutorado na Universidade Sorbonne Nouvelle, e pesquisadora do Laboratório de Estudos do Discurso (UFSCar). Tem graduação em Comunicação Social/Jornalismo e em Letras e mestrado em Memória, Linguagem e Sociedade pela Universidade Estadual do Sudoeste da Bahia (Uesb), onde atualmente realiza estágio de pós-doutoramento. Desenvolve pesquisas sobre discurso político, discurso jurídico, mídia e história das mulheres a partir da Análise do discurso. É autora de vários capítulos de livros e artigos científicos publicados em periódicos especializados.

Leia também!

Conecte-se conosco:

 facebook.com/editoravozes

 @editoravozes

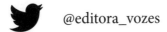 @editora_vozes

 youtube.com/editoravozes

 +55 24 2233-9033

www.vozes.com.br

Conheça nossas lojas:
www.livrariavozes.com.br

Belo Horizonte – Brasília – Campinas – Cuiabá – Curitiba
Fortaleza – Juiz de Fora – Petrópolis – Recife – São Paulo

  Vozes de Bolso

EDITORA VOZES LTDA.
Rua Frei Luís, 100 – Centro – Cep 25689-900 – Petrópolis, RJ
Tel.: (24) 2233-9000 – E-mail: vendas@vozes.com.br